LOS INTERESES POLÍTICOS EN EDUCACIÓN

MARIE-ANTOINE CARÊME

El verdadero problema del sistema educativo español

© LOS INTERESES POLÍTICOS EN EDUCACIÓN
© Marie-Antoine Carême
. ISBN papel: 978-84-686-2888-2
ISBN ebook: 978-84-686-2889-9
Editor Bubok Publishing S.L.
Impreso en España/Printed in Spain

A mi familia

A mi país

A todos

Índice de contenido

PARTE 1
LA VIDA COMO PANADERO

INTRODUCCIÓN

Un sabio indio estaba delante de una pared donde había un agujero y decidió poner a prueba la inteligencia de los transeúntes. Pasó la primera persona y la invitó a meter la mano por el agujero. Le preguntó si sabía lo que se ocultaba detrás de la pared y, guiada por el tacto, la persona le contestó que lo que allí se escondía era una espada. Pasó una segunda persona y, tras meter el brazo, contestó que era un abanico lo que había detrás de la pared. La tercera persona respondió, convencida, que lo que había tocado era otra pared. La cuarta persona aseguró que aquello era un tronco. Por último, una quinta persona señaló que estaba claro que lo que se escondía detrás de la pared era una serpiente.

El sabio les respondió que ninguno de ellos tenía razón: que lo que se ocultaba detrás de la pared era un elefante. La primera persona, que había creído que aquello era una espada, había tocado un colmillo; la segunda, aunque en realidad había tocado una oreja, había sospechado que era un abanico; la tercera había confundido el cuerpo del elefante con otra pared; la cuarta, al tocar una pata, había pensado que era un tronco; y la quinta, que pensó que era una serpiente, lo que había tocado era la trompa del elefante.

Cuento anónimo

Este libro es la condensación de un proceso de trabajo (entendido como el análisis cualitativo mediante la observación participante), que realicé durante siete años como docente en dos universidades, cuatro centros de formación secundaria, un centro de formación para adultos y un centro de formación continua, así como de mi experiencia personal como alumno en varios centros públicos y concertados.

Mi posición de docente me ha permitido analizar el sistema educativo desde el otro lado de la pared. Por tanto, he disfrutado de una posición privilegiada desde la que poder acercarme a la realidad del sistema educativo español en las etapas de formación secundaria y posteriores.

Este libro se marca el objetivo de eliminar no solo las «paredes físicas» que nos alejan de la realidad del sistema educativo, sino también cualquier «pared» psicológica, ideológica y filosófica que, aunque sea invisible, distorsiona la percepción que se tiene del sistema educativo. Estas «paredes», que están presentes en las mentes de todos, se erigen mediante diversos factores: nuestras experiencias anteriores, el tipo de centros a los que hemos asistido, nuestras creencias políticas, etc. Así pues, aunque la realidad del sistema educativo se presentase de forma clara, resultaría difícil que la sociedad la comprendiera de forma global, pues muchos lectores seguirían anteponiendo a la realidad sus prejuicios cognitivos.

El objetivo es trasladar la realidad del mundo educativo al ámbito de la alimentación, para así facilitar una observación libre de esta distorsión cognitiva. Es decir, propone un ejercicio que sitúa el mundo educativo en un escenario imaginario, donde la alimentación adopta el papel de la educación, y obliga al lector a prescindir de las gafas con las que percibe, e interpreta, la realidad escolar.

El libro se enmarca en un objetivo global: la mejora del sistema educativo. Para alcanzar dicho objetivo, se centra en tres de los mayores problemas que presenta este sistema: la reducción del nivel educativo en España en los últimos tiempos, la escasa preparación de los alumnos para afrontar la vida real y la falta de adecuación del modelo educativo a muchas realidades personales. En mi opinión, estos problemas no se producen como resultado de una única causa, sino de un conjunto de ellas. El sistema educativo es una de las causas (tal vez la principal) y, por tanto, la primera sobre la que escribo. Ahora bien, introducir cambios en el sistema resulta muy complicado. Por esta razón, hasta ahora se han imposibilitado muchas mejoras. Espero que este libro contribuya a reducir los miedos a un cambio que nos beneficiaría a todos.

CAPITULO 1. MI PRIMER DÍA DE TRABAJO

El 1 de septiembre fue mi primer día como panadero oficial. En junio me había examinado de las oposiciones y en julio se hicieron oficiales los esperados resultados: había logrado situarme en la posición noventa y tantos de un total de cien plazas que salían a concurso aquel año. Las oposiciones fueron duras, pero me había preparado a conciencia. Consistían en una primera parte teórica de dos horas, en la que debía elegir uno de los tres temas que, de entre setenta y dos, se seleccionaban al azar. La segunda parte era de tipo práctico y constaba de dos pruebas: una de problemas variados y otra que pedía la resolución de un supuesto práctico. La última parte consistía en la presentación de un trabajo, que versaría sobre una sección de la producción y defensa de un apartado de dicha sección.

Había aprobado las oposiciones a la primera y en un tiempo récord. Estaba tan exultante que invité a mi pareja a un viaje con todos los gastos pagados, para saborear el éxito. Mis compañeros de profesión me felicitaron por el logro alcanzado y me recomendaron que tomara fuerzas para el primer año. Así que, ni corto ni perezoso, seguí sus instrucciones a rajatabla. Y como veremos, acabaría agradeciéndolo.

Las oposiciones que había aprobado eran las de panadero del Estado. Mi trabajo consistiría en producir el pan para jóvenes de entre doce y dieciséis años, ya que a partir de esa edad es obligatorio que los jóvenes asistan a las panaderías todos los días unos nueve meses al año. Durante los otros cuatro meses, los padres son quienes se encargan de la alimentación de sus hijos.

Volviendo al primer día de trabajo, me encontré con la desagradable sorpresa de que el puesto que me asignaban en el destino elegido no se correspondía con aquello de lo que yo me había examinado. Me había presentado a la oposición de panadero, pero en mi primer año tendría que ofrecer pan en el Departamento de Atención al Cliente, que se encargaba de un grupo especial de consumidores.

Setenta y dos temas teóricos, cientos de problemas, decenas de casos prácticos, planificaciones y memorias no servían para nada en el trabajo que iba a desempeñar. Un trabajo que, casualmente, nadie quería. Aun así, todos me animaban.

—Después de este año, todo te parecerá un camino de rosas —me decían.
—Qué gracia —pensé.

Lo peor es que tenían razón: aprendí mucho, pero a costa de pasar uno de los años más duros de mi vida. Y lo peor es que este tipo de grupos, según la normativa de las panaderías estatales, no se podían asignar a «novatos». De manera oficial, aquella plaza solo la podía cubrir una persona con destino definitivo en el centro, y siempre y cuando la hubiera elegido de forma voluntaria. Pero en mi caso no fue así: me dieron lo que nadie quería, saltándose las disposiciones legislativas al respecto.

—Te apoyaremos en todo —me aseguraba el equipo directivo del centro panadero.

Pero a pesar de su apoyo (que agradezco), las cosas podrían haberse hecho de otra forma, ya que, tanto para mi salud laboral como para la adecuación del servicio a las necesidades de aquellos chicos, la opción más adecuada hubiese sido asignar aquel trabajo a una persona con más experiencia que la que yo tenía en aquel momento. Ahora bien, tampoco quiero responsabilizarlos en exceso, pues muchas veces disponen de tan poco margen de maniobra que no les queda más remedio que tomar este tipo de decisiones.

Lo pasé tan mal que en alguna ocasión me planteé renunciar al puesto, aunque fuese una plaza de funcionario asignada para toda la vida con un sueldo más o menos decente para un ingeniero de provincias. Gracias al apoyo de algunos compañeros, el año pasó, pero aprendí la lección: para el siguiente destino me aseguraría con antelación de que la plaza no tuviese nada que ver con el Departamento de Atención al Cliente.

En casos como este, uno se queda con los buenos recuerdos, la relación con las personas y la satisfacción tanto de haber hecho el mejor trabajo posible como de haber aportado algo al mundo.

Hay clientes de aquel departamento que, cuando me ven por la calle, me paran y me recuerdan lo bien que estuvieron conmigo y lo afortunados que fueron por haberme tenido en Atención al Cliente. Pero hay otros que, cuando los veo, solo me inspiran cambiarme de acera para evitar cruzarme con ellos.

CAPÍTULO 2. UN SABIO IGNORANTE

Pero volvamos a mi primer día de trabajo: 1 de septiembre. Estaba exultante, feliz, motivado..... Y la gente se percataba de ello.

—Mira al nuevo: qué feliz se lo ve —decían unos.
—Pues no sabe lo que le espera —respondían otros.
—Menudo marrón —pensaban todos.

Por suerte, el centro panadero donde empecé aquel año tenía como coordinadora a una mujer muy comprometida con su trabajo, al que dedicaba muchas horas (y, para colmo, no remuneradas). Además, se preocupaba por los clientes, lo cual facilitaba mi tarea. Ella me ayudó a inscribirme en un curso de atención al cliente organizado por la Asociación de Profesores para Panaderos del Estado (APPE) y en otro organizado por el centro.

Aquellos cursos me sirvieron en el trabajo mucho más de lo que hubiese imaginado. El primero me sirvió para desahogarme junto a otros compañeros a quienes también se les había asignado a aquel departamento «maldito». Y el otro curso me ofreció algunas herramientas para mi trabajo, pues me enseñó ciertas técnicas para resolver conflictos.

Lo paradójico es que todos aquellos meses de estudio intensivo para la oposición iban a servirme de muy poco para el trabajo que se me asignaba. De hecho, los recursos de que dispondría para afrontar mi nueva responsabilidad se reducirían a tan solo diez horas de formación.

CAPÍTULO 3. EL TRABAJO DE PANADERO: ALGO DIFERENTE A LO QUE ESPERABA

El Departamento de Atención al Cliente se creó para atender a aquellos clientes que intentan salirse de las normas establecidas. Hay que reconducirlos, pues la alimentación para todos los jóvenes de este país aprobada por el Ministerio y publicada en el BOE (Boletín Oficial del Estado) es gratuita, pero obligatoria hasta los dieciséis años, al menos durante nueve meses al año.

Por tanto, todos los principios del «año panadero» son costosos, ya que los panaderos debemos conseguir que los clientes para quienes trabajamos cumplan con el programa establecido. Esta es una tarea complicada, pues los jóvenes de hasta dieciséis años acaban de pasar un par de meses sin una alimentación ordenada y nuestra responsabilidad consiste en corregir los malos hábitos que han adquirido durante el verano.

Pero aquel primer año iba a ser, para mí, todavía más complicado, pues presentaría varias dificultades añadidas. Aunque parecía que había empezado el curso bien, pronto comenzaría a «sufrir» las predicciones de mis compañeros.

Aquel día había preparado un buen pan, pero Esther, una de mis clientas, se negaba a comérselo. Intenté convencerla de buenas maneras, pero nada: no pude conseguir que reconsiderase su postura. En realidad, lo único que conseguí fue lo contrario, pues empezó a molestar a sus compañeros y a impedir que pudiesen comer con tranquilidad.

—Es importante para tu crecimiento, pues te convertirá en una persona fuerte y bien alimentada —

le decía yo, con la intención de cambiar su actitud. Pero no conseguía nada.

Esther se puso tan violenta que tuve que acompañarla al despacho de John (el supervisor principal) para que este hablase con ella.

Tras una hora en el despacho del supervisor, Esther volvió al comedor y, no sin antes increpar a varios de sus compañeros, accedió a comerse un trocito de pan.

—Ya me lo he comido. ¿Estás satisfecho? —me dijo.

Según varios compañeros de profesión, yo había conseguido un gran éxito; pero, por desgracia, el mal comportamiento de Esther comenzó a repetirse y a empeorar con el tiempo. ¡Que trabajo tan duro! Sentía que las semanas se volvían interminables y que los viernes tardaban en llegar. En ninguno de mis trabajos anteriores me había sentido tan cansado cuando llegaba el fin de semana. Y eso que los panaderos del Estado éramos criticados por trabajar menos horas que los demás trabajadores.

Una profesión paradójica. Motivar a quien te desmotiva

Los panaderos que ofrecemos el pan obligatorio no estamos en una posición fácil, pues nuestro trabajo nos exige que motivemos a los menores de dieciséis años, a pesar de su oposición, para que coman cada día la ración que les corresponde.

Los clientes no solo dificultan el proceso de consumo del pan, sino que intentan agotarte para que les permitas comer menos pan del asignado. En realidad, es una dinámica de comportamiento que aprenden con facilidad, pues si descubren que al comportarse mal consiguen comer menos, terminan por repetir esta actitud hasta que consiguen lo que desean: comer menos.

Hay quien asegura que, si los panaderos tuviesen un mayor respaldo, su trabajo sería menos duro. Ahora bien, a pesar de que en el fondo todos estamos de acuerdo con esta afirmación, algunos grupos ideológicos se oponen.

El problema radica en la palabra «autoridad». Opino que los panaderos necesitamos tener autoridad, pero entendida como «respeto, liderazgo y responsabilidad de hacer cumplir las normas». Sin embargo, cuando se dice que los panaderos necesitan «autoridad», estos grupos ideológicos de oposición entienden dicha palabra como «imposición, dictadura, etcétera». Así que todo lo relacionado con la autoridad (aunque sea con la primera acepción) se pospone.

Estos grupos de presión alegan que la autoridad hay que ganársela. Y es verdad. Pero en muchos grupos resulta especialmente complicado, así que con frecuencia dedicas más tiempo a ganarte la autoridad que a elaborar pan. El panadero puede invertir todo su esfuerzo en conseguirlo, pero la situación llega a ser tan complicada que no puede prescindir del apoyo del equipo directivo, de sus compañeros, de los padres, de la administración, y de la sociedad en general. Y si alguno de estos pilares falla, el Sistema empieza a tambalearse.

CAPÍTULO 4. LOS ORÍGENES

Hace mucho tiempo, se descubrió que el pan era un alimento fundamental para la vida, y que aquellas sociedades donde se consumía pan desde edades más tempranas y durante más tiempo presentaban un mayor grado de civilización y progreso.

Al principio, cada familia producía en su casa el pan que iba a consumir. O molía el trigo cultivado o compraba la harina ya preparada, que luego amasaba y horneaba. Pero la sociedad fue cambiando y las exigencias laborales obligaron a los padres a pasar más tiempo fuera de sus casas. En ese contexto aparecieron las panaderías, que se encargaban de la producción del pan. Comprar en aquellos establecimientos permitía ahorrar mucho tiempo, y, aunque el pan no era tan bueno como el de casa, poco a poco se fue abandonando la elaboración del pan casero.

Las panaderías empezaron a funcionar en agrupaciones caritativas que desempeñaban este trabajo lo mejor que podían. En realidad, estas agrupaciones no se crearon para producir pan. Sin embargo, como se exigía a sus miembros que poseyeran conocimientos sobre la elaboración del pan (para su propia alimentación) y, además, se les pedía compromiso y caridad, resultó inevitable que empezaran a producir y distribuir entre los vecinos este alimento que elaboraban. A esto se lo denominó «panaderías sociales».

Con posterioridad, se consideró que la fabricación del pan era un elemento «estratégico» y se decidió que el Estado se encargase de realizarlo. Entre otras razones, se alegaba que las panaderías sociales no llegaban a ofrecer este alimento básico a todo el mundo. Así que el Estado empezó a recaudar fondos para construir panaderías estatales y contratar panaderos para elaborar pan y ofrecerlo al consumidor.

Atención al cliente. Un grupo de clientes inadaptados

Como el desarrollo de los dientes varía en los primeros años de vida, se determinó la necesidad de fabricar distintos tipos de pan y de agrupar a los consumidores por edades, de forma que para cada grupo se elaboraba un pan con un grado de dureza diferente.

Aunque al principio se permitía que hubiese algún cambio de dureza en el pan para ciertos consumidores dentro de un mismo grupo, esta opción acabó por descartarse. Se decidió que los clientes solo podían comer el pan que les correspondía por edad.

Cuentan que, un día, un cliente sufrió una indigestión por haber comido un pan más duro del que, por edad, le correspondía. Y para evitar que esto se repitiera, se prohibió que nadie cambiara del grupo que le correspondía a su edad.

En Atención al Cliente adoptamos este punto de partida para encargarnos de los clientes que no se adaptan a esta norma general, es decir, de los que no quieren (o no pueden) comer el pan que les corresponde por edad, tanto en cantidad como en dureza. Nuestro objetivo es que consuman algo de pan, aunque sea una miga.

En alguna ocasión pensé que quizás a estos clientes no les gustaba el pan, y que, si así era, se les podría ofrecer como alternativa algún otro alimento que también les nutriese. Pero el supervisor, que se encarga de lograr que la ley se cumpla, se asegura de que en el comedor no haya nada más que se les pueda ofrecer, pues opina que no sería justo que unos clientes deban comer pan todos los días, mientras que los de Atención al Cliente puedan comer otros alimentos.

También descubrí datos interesantes sobre la historia de los consumidores especiales que venían al Departamento de Atención al Cliente. Me resultó curioso que, en cierta fase de su desarrollo, a algunos les habían prohibido que consumieran un pan más duro del que les correspondía por edad, a pesar de que sus necesidades diferían de las de sus compañeros. Como consecuencia de esta restricción, sus dientes se desorganizaron tanto que les impidieron seguir comiendo el tipo de pan que se les había asignado según su edad y, por tanto, no pudieron seguir el ritmo del grupo estándar. Así pues, la norma que se aplicó con la intención de evitar unos problemas específicos acabó generando otros problemas añadidos (al menos, para estos clientes especiales).

Lo irónico era que, en algunos momentos, afloraban en estos consumidores características únicas que los diferenciaba del resto, pero que el Sistema se había encargado de anular para siempre. Una verdadera lástima...

A pesar de estos errores del Sistema, resulta revelador que este solo atienda a quienes se quedan rezagados y que, sin embargo, ignore a quienes cumplen con lo planificado. Por ejemplo: solo hay grupos para aquellos clientes con problemas alimentarios, pero no se ofrece ninguna alternativa a quienes sobresalen gracias a sus aptitudes. Considero que es de justicia ayudar a quien lo necesita, pero ignorar a quien cumple no trae consigo buenos resultados. Al menos, para la sociedad donde vivimos.

Las raciones de pan

Lo habitual es que los clientes prefieran una ración más pequeña, de forma que el Sistema tiende a empequeñecer las raciones. El problema es que hay clientes que están preparados para comer una ración mayor; pero, por desgracia, estos últimos siguen recibiendo solo la ración estándar y, como resultado, muchos llegan a desmotivarse tanto que, en algunas ocasiones, llegan incluso a rechazar su ración.

En realidad, la Normativa Oficial del Comedor (NOC) permite que a estos clientes especiales se les ofrezca más pan. Pero lo paradójico es que las bandejas solo permiten llevar una ración. ¡No tienen capacidad para más! Así pues ¿cómo vamos a ofrecerles más pan si, de todos modos, no cabe en la bandeja?

Cuando me enfrenté a este problema, pensé en agrupar a los clientes que necesitan comer más pan y ofrecerles una bandeja nueva de mayor tamaño. Pero esta alternativa es inviable, ya que la NOC lo prohíbe. Al parecer, algunas ideologías se muestran reacias a que se agrupe a los que necesitan nutrirse más, pues, según dicen, se discriminaría a los que necesitan menos.

En apariencia, esta restricción parece razonable, pero en realidad no lo es del todo. Y es que, si la analizamos en detalle, descubriremos que estamos anteponiendo los intereses de quienes necesitan menos a los del resto. Ahora bien, si se sustituyese la normativa del Sistema por otra no excluyente, podríamos ofrecer un servicio que se adaptaría mejor a cada cliente.

PARTE 2
ANÁLISIS DEL PROBLEMA

CAPÍTULO 5. COLERO

Los panaderos nos reunimos cada trimestre para analizar el comportamiento de los clientes. En realidad, estas reuniones no nos permiten plantear grandes soluciones, así que casi siempre terminan por convertirse en una sesión de terapia colectiva donde los panaderos nos quejamos, sin muchas esperanzas de mejora, de aquellos clientes más problemáticos.

Antes de cada sesión, un representante de los clientes nos comenta el desarrollo de su grupo. Muchos representantes se percatan de lo mal que funciona todo, otros nos lo cuentan, y los más valientes llegan incluso a proponer soluciones. En estos casos, los panaderos nos miramos y suspiramos, entre entristecidos e impotentes, al ver lo poco que podemos hacer para cambiar esta situación que, además, se va complicando con el tiempo, pues el comportamiento de los clientes es cada día peor, lo que impide que acaben de comerse las raciones de pan que les corresponderían por su edad.

—Fulanito no nos deja que acabemos de comer la ración diaria —decía uno de estos representantes—. Nos escupe en el pan y lo llena de tierra.

Los clientes piden que tomemos medidas con Fulanito. Pero nosotros, los panaderos, carecemos de herramientas para resolver esta situación. Como mucho, podemos echarle una bronca (de las que suelen entrarles por un oído y salirles por el otro).

Esther

Esther, alias «Colero», olía fatal. Además de su mal comportamiento, desprendía un olor insoportable. Recuerdo cómo sabías si estaba en el comedor: si ya había llegado Colero, todas las ventanas estaban abiertas, ya fuese verano o invierno.

—Mac —me decían mis clientes—, haz algo. ¡No podemos soportar este olor!

Así que me armé de valor y llamé a su madre.

—Señora, los clientes de mi grupo se han quejado con insistencia del olor corporal de su hija.
—Señor panadero —respondía ella—, el problema está en los pies de mi hija. He hecho todo lo posible, pero el olor persiste.
—Mire —proseguí—: hay un producto con el que puede lavarse los pies todos los días y otro para poner dentro de las zapatillas. Si sigue las indicaciones de un farmacéutico, estoy seguro de que desaparecerá el mal olor.

Se lo aconsejé con la esperanza de conseguir alguna mejora en los hábitos de higiene de Esther, pero la realidad era bien distinta a la que planteaba ella, pues su hija siempre llevaba las mismas zapatillas y estoy seguro de que no solo eran los pies lo que le olía: eran el cuerpo y la ropa. Así pues, el problema de fondo consistía en lograr que Colero se adaptara a una rutina (higiénica, en este caso).

Casi todos los días, sus compañeros se enfrentaban a ella y, a su vez, ella la tomaba con el resto. Nadie quería sentarse a su lado, de modo que Colero respondía haciendo trastadas, pues era su forma de atraer la atención.

Incluso ahora, mientras escribo, rememoro aquel olor fétido del que resultaba imposible abstraerse. Recuerdo que me decían sus compañeros: «Antes de entrar en clase puedes adivinar, por el olor, que ya ha llegado». Pobrecillos. Pobre Colero.

De hecho, un día me entregaron una carta que habían firmado todos, con la que solicitaban que Colero dejase de ir con ellos. ¡Qué ingenuos! Colero estaba con ellos y ellos no podían decidir nada. Desde el Sistema hasta la NOC, pasando por el supervisor: todo estaba programado para que Colero comiese con sus compañeros hasta el último día del año. El sistema estatal de panaderías es gratuito, pero debes acatar sus normas, aunque vayan en contra del interés global.

Así es la vida: uno va a degustar pan a un comedor y se encuentra con un olor a podrido que le quita todo el apetito que pudiera tener. ¿Qué se puede hacer en estos casos? Pues bien poco. Se le abrió un expediente por acumulación de faltas de comportamiento (podría afirmarse que era una alumna «rebelde»), aunque el procedimiento habitual retrasó la expulsión hasta el último mes del año. Es decir, que se hizo justo lo que ella, desde el primer día, había estado pidiendo a gritos. No le interesaba en absoluto el pan que le ofrecíamos y, como hacía el perro del hortelano, ni comió ni dejó comer. Por suerte para el centro (y por desgracia para ella), aquel verano Colero iba a cumplir dieciséis años, por lo que ya no tendría que volver.

Pretender abarcar a toda la población infantil y juvenil requiere muchos más recursos de los que ahora mismo se presupuestan en España para estos menesteres. A Colero se le ofreció una alternativa en Atención al Cliente, para la que se utilizaron más recursos de los que son habituales, pero esta alternativa no era la que ella necesitaba. Integrar por integrar no siempre funciona.

Organizar alternativas para clientes como Colero requiere otro tipo de soluciones, para las que el sistema estatal de panaderías no está preparado. Y es difícil que vaya a estarlo, a no ser que se adopten medidas innovadoras.

Gracias a Atención al Cliente, esta solución alternativa podría haber funcionado sin problemas, excepto por tres personas (Colero, entre ellas). De hecho, este departamento representa una opción que se adapta a las necesidades de la mayoría de clientes que conforman el grupo. Pero, por culpa de tres individuos, los demás se estaban perdiendo toda la atención que se les había preparado.

En todo caso, al igual que sucedía en este centro, no todos los grupos de Atención al Cliente llegaban a funcionar. Por eso, hace dos años se decidió eliminar dicho departamento de la planificación del sistema estatal: para el Estado, supone un «ahorro» (que resulta ficticio, pues en realidad el problema se traslada a otros grupos); y para los panaderos del Estado, supone el alivio de «librarse» de trabajar en Atención al Cliente.

Yo estoy en desacuerdo con dicha decisión, ya que las dificultades de un programa alimentario no implican su eliminación incondicional. Muchos consumidores conflictivos no representan un problema sin solución. Es más: hay profesionales muy bien preparados que, con mucho gusto, aceptarían la responsabilidad de alimentarlos. Y estoy seguro de que obtendrían unos resultados excelentes con su trabajo. El problema es que el Sistema, al menos de forma generalizada, no está preparado para aplicar soluciones innovadoras a problemas de este estilo. Esta falta de operatividad ha hecho que desaparezca un servicio que, para algunos clientes, suponía la única alternativa para que pudieran comer un poco de pan.

CAPÍTULO 6. LA MOTIVACIÓN DEL PANADERO

A partir de mi segundo año como panadero del Estado, pude trabajar en los puestos para los que había estudiado: preparar pan y atender en el comedor a clientes de entre doce y dieciséis años de edad.

Aunque pensaba que lo importante era la elaboración del pan, pronto descubrí que, en realidad, lo más importante de mi trabajo era (y es) controlar a los clientes en los comedores. Si sus padres trabajan, no tienen donde dejarlos, de modo que en los comedores nos encargamos de tenerlos «controlados» durante la mañana. Esto significa que la alimentación es secundaria para muchos padres, lo cual condiciona de forma negativa la capacidad del panadero para influir en la alimentación de sus clientes.

Al llegar al trabajo, lo primero que hay que hacer es encender el horno. Mientras se calienta, el panadero prepara la masa, que se cocerá durante el tiempo estipulado. Una vez horneado el pan, debe retirarse del horno para poder repetir el proceso hasta que quede preparado todo el pan. A continuación, el panadero pasa al comedor, donde ofrece el alimento a cada grupo: cada edad, con su pan correspondiente. Y por último, a limpiar y a prepararlo todo para el día siguiente.

La teoría parece sencilla, pero la realidad es más complicada, ya que después de haber estado invirtiendo un esfuerzo en preparar el pan, al llegar al comedor, todo son excusas para evitar comerlo.

—Hoy no me apetece.

—Prefiero otra cosa.
—¡Que no me interesa!
—Prefiero irme a la calle.
—Quiero hablar con mis amigos.

Y aun a riesgo de que, en algunos casos, los clientes puedan tener razón, las excusas son tan recurrentes que acabas por sentirte mal, ya que al elaborar el pan intentas ofrecer lo mejor de ti y este no les ha interesado nada.

En general, los días son bastante duros, aunque hay momentos especiales y muy gratos (que, por desgracia, cada vez ocurren con menor frecuencia) en los que algo cambia; y ese pequeño cambio te llena de energía para seguir luchando. Son esos momentos en los que algunos clientes se comen el pan que les has preparado y, además, se muestran contentos por ello. Sin embargo, en la actualidad estos clientes son una minoría. Lo habitual es que la mayoría se nieguen a comer y se inventen excusas para boicotear el tiempo dedicado a ello. Esta es su estrategia para que, por desesperación, accedas a que consuman una ración menor.

Sin embargo, a pesar de todas las dificultades que generan los clientes, al día siguiente suelo levantarme con ganas de volver al trabajo y con la motivación suficiente para motivarlos a ellos. Tal vez esto se debe a que mi trabajo es vocacional.

Aunque otras veces atravieso una mala racha y, cuando eso ocurre, intento motivarme pensando en el bien que hago, que tengo un trabajo fijo o que me quedan menos días para las vacaciones. Pero, en ocasiones, ni siquiera esto funciona y todo se vuelve tan complicado que llego al límite del agotamiento (algo que casi nunca me había ocurrido en mis trabajos anteriores).

Dificultades añadidas. Robos y amenazas

En muchos centros, los robos son habituales, así que no puedes dejar nada a la vista de los clientes. Una vez me robaron el MP4 de mi bolsa, justo en presencia de otros clientes que fueron testigos. Y aunque Eva (la ladrona) los amenazó para que no dijesen nada, uno de ellos me lo confesó después de que le prometiera que no lo delataría.

Lo curioso es que esta chica me robó mientras yo estaba haciendo que Katy (otra chica de 13 años) saliera del comedor. Mi objetivo era pedirle a Katy que no se le ocurriese seguir influyendo de forma negativa en Marina, ya que acabaría por meter a la segunda en el mundo de las drogas, tal y como ya había hecho el año anterior con otra de sus compañeras. Esperé al final de la clase y le pedí a Eva que se quedase un momento.

—Devuélveme ahora mismo lo que me has quitado — le ordené.
—¡Pero si no te he cogido nada!
—Vamos Eva, que te he visto —alegué, aunque en realidad iba de farol.
—Que no. Te digo que no tengo nada tuyo.
—Pues vas a venir conmigo al cuartelillo y se lo dices al policía.

Entonces, su gesto cambió.

—Tienes razón —respondió—: lo he cogido. Pero es porque me habían pedido que te lo robase. En realidad, yo no quería. Por favor, no se lo cuentes a mis padres.

Llanto.

Otro elemento desmotivador para los panaderos son las represalias que pueden tomar los clientes con aquellos otros a quienes intentamos «presionar» para que mejoren su alimentación. Por ejemplo, entre los clientes, existe la costumbre de rayar el coche de los panaderos que se muestran más exigentes con ellos. De modo que esta situación acaba volviéndose habitual si perteneces a ese grupo de panaderos que se implican en la alimentación de sus clientes.

Yo intento ser pragmático y no pensar demasiado en las amenazas que recibo. Mi estrategia consiste en asumir que destinaré una parte de mi sueldo a pintar el coche cuando me lo rayen, aunque no deja de ser un pensamiento que no soluciona el verdadero problema.

La labor del panadero (que pocos conocen en toda su magnitud) va mucho más allá de elaborar pan o distribuirlo en las aulas, aunque esto ya de por sí presenta dificultades. El problema adicional es que muchos clientes consideran que los panaderos somos los «carceleros» que impedimos que puedan vivir con libertad. Por supuesto, este punto de vista nos exige que ofrezcamos una orientación personal y humana considerable a nuestros clientes, lo cual se traduce en un esfuerzo adicional que raras veces se reconoce.

CAPÍTULO 7. LA VERDADERA RAZÓN PARA ELIMINAR LOS CENTROS SOCIALES: LOS CORTES PARA EL HORNEADO

Entiendo que a algunos clientes no les guste el pan que les ofrece su centro. De hecho, en mi juventud me desagradaba el que elaboraban en mi panadería y opté por cambiar a otra. En total, llegué a cambiar hasta tres veces. Eso sí, al menos tuve la suerte de poder hacerlo. Por desgracia, esta opción de cambio ya no suele ofrecerse en la actualidad, pues la Normativa Oficial del Comedor (NOC) se encarga de que resulte cada vez más complicado.

Recuerdo a un cliente llamado John Thomas, que había oído que en la panadería de una ciudad cercana elaboraban un pan bastante bueno, así que a los doce años decidió cambiar de centro para probar aquel famoso pan. Pensó que este se adaptaría mejor a sus gustos y sus padres le apoyaron.

La nueva panadería le ofrecía parte de lo que necesitaba; y lo que no le ofrecía, John lo buscaba por otros medios. Su ventaja era que, como había probado el pan de varios centros, ya era capaz de distinguir los distintos sabores, texturas, olores, etc.

A pesar de tener que recorrer más de treinta y seis kilómetros a diario en cuatro autobuses interurbanos, el cambio mereció la pena.

La realidad es que a muchos clientes les ocurre lo mismo que a John: no les gusta el pan que les dan en su centro. Y, si lo pensamos con frialdad, lo raro sería que les gustase, pues todos los días les obligan a comer el mismo pan, quieran o no. Pero, a diferencia de John, la mayoría de los clientes no pueden hacer nada para remediarlo, pues hay demasiadas trabas para evitar que cambien de centro.

Tipos de pan y de panaderías

Casi todas las panaderías producen un pan similar, es decir, el que determina el Ministerio. Ahora bien, cada panadería tiene su procedimiento para elaborarlo. Así se consigue que el pan que cada una produce se adapte mejor a unos clientes que a otros. Podríamos afirmar que existe un pan para cada ciudadano y un ciudadano para cada pan. La búsqueda del pan que mejor se adapta a cada cliente es un factor fundamental en el proceso de su desarrollo personal. Sin embargo, en la actualidad la ley limita esta búsqueda. Al principio, se permitía el cambio libre de centro, pero poco a poco se ha ido limitando la posibilidad de elegir la panadería adecuada. El problema es que, aunque la NOC en teoría permite que los clientes cambien de centro, las condiciones que impone lo dificultan bastante. Así que a los clientes no suele quedarles otra alternativa que comer el pan del centro que se les asigna por zona de residencia.

Es habitual escuchar a algunos panaderos que, cuando critican a los jóvenes, alegan que estos son incapaces de desarrollar un pensamiento propio, cuando lo que ocurre en realidad es que les estamos negando a diario esa posibilidad de autonomía. Los defensores del método «restrictivo» argumentan lo siguiente:

> *No podemos permitir que los clientes cambien de panadería libremente. Si lo hiciéramos, los ciudadanos más interesados en el mejor pan se*

irían a las mejores panaderías, con lo que las peores se quedarían con los peores ciudadanos.

Pero esto no tiene por qué ser así, ya que si algo funciona mal en el Sistema, lo apropiado sería resolverlo, en lugar de alterar por ley las condiciones del mercado para evitar que los mejores centros ofrezcan un buen servicio. Es más, esta forma de legislar consigue lo contrario a los objetivos que persigue, pues acaba por aumentar aún más las diferencias entre clases. Dado que los clientes deben asistir a las panaderías más próximas a sus respectivas zonas de residencia, todos aquellos que viven en zonas deprimidas suelen acabar en el mismo centro. Lo cual supone un obstáculo para quienes desean cambiar su situación, pues no lo suelen tener fácil ni en sus casas ni en los centros a los que asisten.

Además de las panaderías públicas (estatales o sociales), existen panaderías privadas, a las que asisten quienes pueden permitírselo. Estas ofrecen un pan específico que se adapta a un grupo determinado de clientes. De modo que el Sistema facilita que los que tienen dinero puedan elegir, mientras que los que no lo tienen deben conformarse con lo que les asignan.

Aunque no lo parezca, un análisis como este suele ser muy peligroso, ya que puede ofrecer ideas a algunos de quienes elaboran la NOC. Y es que, al hilo de lo anterior, las mentes «privilegiadas» de nuestros gobernantes podrían plantearse prohibir las panaderías privadas. Por supuesto, algo así solo acabaría por hundir aún más el nivel de nutrición medio del país.

Un reparto injusto

En el caso de las panaderías públicas, se pueden distinguir dos tipos de centro: por un lado, los que tienen panaderos funcionarios, y por el otro, los también llamados centros sociales, cuyos panaderos son trabajadores en régimen general. Como los funcionarios son quienes elaboran gran parte de la NOC, durante la historia siempre se ha marginado a las panaderías sociales. Ya lo dice el refrán popular: quien parte y reparte siempre se queda con la mejor parte.

Aunque para el funcionamiento de los centros se les envía diversos materiales, resulta curioso que estos se envíen de forma casi exclusiva a los centros estatales. La situación es tan escandalosa que muchos de esos centros reciben dotaciones que nunca llegan a utilizar.

Recuerdo que en un centro estatal donde trabajé guardaban en el almacén una máquina amasadora con un valor de decenas de miles de euros. Pregunté a mis compañeros por qué no se utilizaba y la respuesta que me dieron fue la misma que suelen aplicar para justificar el desuso de muchos materiales y máquinas que reciben:

—Nos la enviaron desde el Ministerio, pero no sabemos cómo funciona, así que la guardamos en el almacén para que no se estropee.

¡Cuánto mejoraría la alimentación básica de este país si dichos recursos se destinasen a las panaderías (sociales o estatales) que de verdad los necesitan! Ahora bien, parece ser que a algunos no les conviene que esta posibilidad llegue a tenerse en cuenta, aunque su aplicación no perjudicaría a nadie, sino al contrario, pues mejoraría el nivel alimenticio medio del país y esto beneficiaría a todos. En realidad, conozco varios ejemplos como este, pero solo comentaré uno más:

> Los talleres de los centros estatales donde he trabajado reciben muchos materiales y herramientas del Ministerio, aunque en la mayoría de los casos ni siquiera llegan a utilizarlos. Se trata de materiales valorados en varios miles de euros, con los que los centros sociales ni se atreverían a soñar.

> Esta discriminación resulta tan evidente que sería difícil sostenerla ante un análisis de igualdad constitucional, pues todos los ciudadanos deberíamos tener los mismos derechos, con independencia de la opción personal.

¿Por qué se discrimina a los centros sociales?

Las barras de pan suelen presentar unos cortes en su parte superior, que sirven para facilitar el horneado. Hay varios tipos de corte, pero destacan dos: el corte en cruz y el corte en paralelo. Quienes elaboran la NOC consideran que el corte es muy importante. De hecho, tan importante que ponen bastante interés en que deje de practicarse el de cruz. Según argumentan a modo de justificación, este tipo de corte provocó ciertas indigestiones, y por eso están intentando que no se ofrezca.

Normalmente, la mayoría de los centros sociales elaboran el pan con los cortes en cruz, y como hay quienes quieren eliminar esta práctica, se intenta que los centros sociales desaparezcan. Por eso me resulta imposible compartir esta política educativa, pues, cuando los clientes comen el pan que quieren, el resultado es que lo disfrutan, les sienta mucho mejor, les alimenta mucho más y, además, ellos lo agradecen.

CAPÍTULO 8. *BENCHMARKING*

Un año en que estuve trabajando en un centro panadero estatal, tuve la suerte de participar en un intercambio con otro centro de Suecia. Esto me permitió ver cómo producían el pan nuestros compañeros suecos. Aunque el objetivo esencial era acompañar a un grupo de clientes para que probasen el pan sueco, los panaderos aprendimos de la experiencia tanto como ellos.

Recuerdo que nos recibió el alcalde de la localidad donde residimos durante nuestra estancia en Suecia. Declaró que se sentía muy orgulloso de la calidad del pan que ofrecían las panaderías de su localidad. Según él, la calidad del pan de su municipio estaba unos diez puntos porcentuales por encima de la media de su país, y eso incluso después de haber descontado el efecto del contexto social en el que se ofrecía el pan (que, en su caso, aumentaba la exigencia alimentaria de sus centros).

Nos explicó que su municipio abría sus puertas a quienes quisieran instalar una panadería en él. Cualquiera que deseara invertir en alimentación contaba con el apoyo del municipio. Y los recursos que recibía el nuevo panadero estaban relacionados con el número y el tipo de clientes que atendía. Esta política, según declaraba el alcalde, había ayudado a incrementar la oferta de panaderías hasta niveles desconocidos hasta entonces. Lo cual permitía que cada ciudadano pudiese elegir con libertad el pan que más se adaptase a sus necesidades o gustos.

Con el tiempo, he llegado a entender que la cultura española, como las de muchos países del sur de Europa, tiene un componente racional heredado de la cultura griega. En cambio, muchos países del norte de Europa tienen un marcado carácter positivista. Es decir, en Europa del Norte, ante un problema se plantean varias soluciones, se elige la que se considera más adecuada y, después de aplicarla, se corrigen las posibles deficiencias que esta pueda presentar. En España, en cambio, se discute mucho y de forma muy inteligente, pero nunca se llega a una solución, por lo que la innovación siempre queda en un segundo plano.

El problema de España se sitúa incluso un poco antes del planteamiento de soluciones, ya que para plantear soluciones es necesario disponer de información sobre el problema, y para esto último, antes se debería haber recopilado dicha información. Pues bien: en nuestro país, recopilar información que permita comparar el trabajo de las panaderías levanta ampollas entre ciertos grupos de presión. En cambio, en los países del norte de Europa se dispone de información actualizada de la calidad del pan que ofrece cada una de sus panaderías. Esta información permite que cada centro pueda conocer el resultado del trabajo que está realizando y que, por tanto, también sepa si debería potenciar o redirigir la estrategia que aplica.

En España, como ya he comentado antes, la estrategia aplicada no promueve los buenos resultados, ya que los centros con mayor éxito alimentario reciben menos presupuesto, pues las ayudas solo se dirigen, de forma arbitraria, a quienes tienen problemas. Y luego nos quejamos cuando nuestros clientes están mal alimentados. En este contexto, cuando se penaliza la excelencia, no se puede exigir la máxima eficacia.

CAPÍTULO 9. LA CALIDAD

Los consumidores suelen valorar mejor aquellas empresas que más invierten en mejorar la calidad. Es el caso de las japonesas, que han destacado en este aspecto y por eso han podido liderar el mercado con determinados productos. En cambio, algunas empresas españolas aún observan el tema de la calidad como algo utópico, siempre escudándose tras la misma declaración:

¿Cómo vamos a plantearnos mejorar la calidad cuando tenemos otros muchos asuntos urgentes que resolver?

En el sector de las panaderías estatales sucede algo parecido: las dificultades son tantas y los pocos recursos se utilizan de forma tan ineficiente que el planteamiento de la calidad queda relegado casi siempre a un segundo plano.

Recopilar información

Uno de los primeros pasos para mejorar la calidad es la evaluación. Resulta complicado mejorar un producto o servicio del que, como se ha comentado en el capítulo anterior, los datos disponibles suelen ser escasos. De hecho, el informe más utilizado en España es el *PIBA*[1] *(Programme for International Bakery Assessment)*, que lo realiza la OCDE (Organización para la Cooperación y el Desarrollo Económico), es decir, un organismo ajeno a las panaderías, a nuestra nación y a nuestros políticos.

---

[1]   En español, PEIP (Programa para la Evaluación Internacional de la Panadería)

Para explicar la ausencia de datos, hay que tener en cuenta no solo el componente personal, sino también los componentes culturales y políticos. El panadero, como cualquier otro trabajador, teme las encuestas, ya que, de alguna forma, suponen una evaluación de su trabajo. A esto hay que sumar los sindicatos, que critican cualquier encuesta que permita realizar una comparación entre centros, ya que, según argumentan, las encuestas provocarían agravios comparativos. Los políticos, por su parte, intentan evitar aquellas encuestas que no se pueden «retocar», ya que las consideran armas que podrían volverse contra ellos. Y en el caso de un sistema de panaderías, que tiene un funcionamiento deficiente, el riesgo de salir perjudicado se incrementa.

De todas las panaderías donde he trabajado, solo una recopilaba, aunque con carácter interno (de modo que se imposibilitaba comparar centros entre sí), algunos datos sobre la cantidad de pan (ni siquiera la calidad) que consumía cada grupo de clientes. Los resultados de este sencillo trabajo se presentaban con carácter informativo a los panaderos del centro estatal al final de cada trimestre.

En una ocasión, en los datos aportados en el último trimestre se podía intuir como algunos panaderos habían falseado los resultados del consumo de pan para que estos no fuesen tan «desastrosos». Pero a pesar de que muchos panaderos nos habíamos percatado de ello, solo uno se atrevió a remarcarlo de forma pública.

Otro compañero propuso organizar una comisión para que se analizasen en profundidad estos datos y así averiguar si se estaba desempeñando un buen trabajo o si se estaba reduciendo la cantidad real de pan ofrecido. Sin embargo, la oposición del resto no se hizo esperar y, al final, todo quedó en una anécdota.

En resumen: tanto los panaderos como los sindicatos y los políticos se oponen a realizar encuestas y estudios de calidad. Y los clientes, o bien porque están demasiado ocupados, o bien porque los han mediatizado, no son lo bastante fuertes como para exigir estos datos.
Como resultado, la mejora de la calidad del pan siempre se estanca en su primer estadio: la recopilación de datos. Es más: el propio sistema limita la posibilidad de efectuar cualquier cambio, lo cual suele desmotivar a los funcionarios que podrían ofrecer alguna propuesta de mejora. Recuerdo el comentario de un compañero, que ilustra esta realidad: *¿Para qué molestarse? A fin de cuentas, hagas lo que hagas en tu trabajo, los clientes están obligados a comer el pan de la panadería que les corresponde.*

Definir la misión

El primer paso para establecer un proceso de mejora cualitativa en una organización es definir su misión, su visión, sus valores y sus objetivos. Pero, en las panaderías estatales, dichos elementos siguen en el limbo. Es decir, no parece estar claro quién los define, o si existen.

Por ejemplo, una de las primeras preguntas que un centro debería formularse antes de introducir un sistema de calidad es la siguiente: ¿para qué elaboramos el pan? Ahora bien, llegar a un consenso entre los profesionales del centro no resultaría sencillo, pues suele haber diversidad de opiniones.

Así pues, mientras algunos piensan que el pan solo sirve para alimentar, otros defienden que su función es desarrollar el cuerpo y la mente de los clientes, y así prepararlos para su futuro laboral. Aunque también los hay que aseguran que la preparación del pan y su reparto gratuito permiten integrar a los menos favorecidos.

Dudo equivocarme al afirmar que, si algún centro estatal ha sentido la tentación de responder a esta pregunta, lo más probable es que no haya tenido en cuenta ni a los padres, ni a los clientes, ni a la sociedad. Y para afirmar esto me baso en que es muy poco habitual que los centros tengan en cuenta la opinión de alguien que no sean ellos mismos. Por supuesto, considero que dicha actitud es un error, pues la opinión de la sociedad debería contar mucho más que la de ellos, ya que es justo esa sociedad quien, en última instancia, se beneficia del servicio.

Los centros sociales y la mejora de la calidad

Muchos detractores de las panaderías sociales las culpan de que se reduzca la calidad de las estatales. Sin embargo, la realidad es muy distinta. De hecho, lo paradójico del razonamiento de los detractores es que, si nos remitimos a los datos objetivos, la calidad del pan de muchos centros estatales se incrementa cuando coexisten con otros centros sociales. Esto ocurre porque, gracias a dicha coexistencia, se llega a crear cierta «competitividad» entre ambos tipos de centros, ya que los sumerge en un proceso de retroalimentación que los motiva a mejorar el trabajo.

Si, para poder funcionar, a las panaderías sociales no les queda otro remedio que recibir a clientes, entonces necesitan ofrecerles como garantía un pan de mejor calidad. Como resultado indirecto, las panaderías estatales reaccionan a esta presión competitiva mejorando la calidad de sus productos. Y así, de forma sucesiva, se entra en un proceso de retroalimentación, el resultado del cual es, en realidad, la mejora cualitativa del pan en ambos centros. Este proceso se reproduce hasta donde los recursos y la capacidad de los panaderos lo permiten; mejorando de forma global, por tanto, la calidad del Sistema.

Eliminar las panaderías sociales acabaría por empobrecer aun más la poca calidad del pan que ofrecen las estatales en la actualidad. Y aunque sería un error, el objetivo de ciertos grupos políticos es eliminar las panaderías sociales, amparándose solo en razones ideológicas.

Trabas políticas a la calidad. El poder de la manipulación

La principal ley de panaderías desarrollada por el anterior partido de la oposición, y derogada por el siguiente partido gobernante, se denominó LOCP (Ley Orgánica de Calidad en las Panaderías). Esta ley apenas se puso en práctica, pues su aprobación tuvo lugar un año antes de que el partido que la propuso perdiese las elecciones.

Para promocionarla, se insistió tanto en el término «calidad» que este acabó asociándose de forma inconsciente al partido político que la propuso. De modo que los panaderos que no apoyan a dicho partido sienten fobia cada vez que oyen la palabra «calidad». Como resultado, todo lo relacionado con la calidad se rechaza de antemano por motivos de fobia política. Los opositores a aquel gobierno criticaron tanto el concepto de «calidad» que, aún hoy en día, muchos panaderos desconfían de quienes desean introducir cualquier cambio asociado a este concepto.

En una ocasión, charlando con algunos compañeros de trabajo que tenían cierto «sentido político» de su trabajo, me enseñaron a distinguir a sus «contrarios» políticos: según decían, bastaba con esperar a que se les escapase la palabra «calidad». Para ellos, los del «otro» partido eran personas discretas, que solían atraer poco la atención, pero este método para detectarlos era infalible.

Así que, en el mundo de las panaderías, todo lo relacionado con la calidad se debe introducir de forma encubierta, es decir, sin que llegue a delatar su relación con la calidad. Si se hiciera de otra forma, resultaría muy complicada su aplicación.

CAPÍTULO 10. EL COLOR DEL PAN

En dos de las empresas donde he trabajado, he sido representante de los panaderos, así que conozco de primera mano el trabajo que realizan. Y puedo afirmar que, aunque la labor de los sindicatos es insustituible, a veces se extralimitan en sus funciones con tal de apoyar a los grupos políticos a los que se vinculan.

Como otros, opino que, si la empresa mantiene una buena comunicación con sus trabajadores, estos rendirán más y serán más felices, pues estarán trabajando a gusto. Esta situación permitiría que la empresa creciese y que, por tanto, pudiese contratar a más trabajadores y/u ofrecerles un salario mejor, lo cual derivaría en una mejora de la sociedad a todos los niveles. Por supuesto, para conseguir esta buena comunicación con los gestores de la empresa, los sindicatos desempeñan un papel fundamental.

En la actualidad, la presión que ejercen los representantes de los trabajadores en las panaderías estatales es bastante intensa, lo cual determina que su poder sobre ellas y sobre la NOC sea considerable. Gracias a esto, los panaderos han alcanzado lo que no podían desde hace años: un sueldo digno. Y, a su vez, el resultado de esta mejora salarial ha sido una gran mejora en la calidad del sistema educativo. Ahora bien, considero que los representantes laborales se extralimitan en otros aspectos de su labor: por ejemplo, cuando aprovechan su poder para imponer (o, al menos, para promocionar en exceso) sus intereses ideológicos.

El tiempo de horneado del pan es fundamental para que se tueste más y adquiera características como su color dorado o su textura crujiente. Ahora bien, algunos representantes, en vez de velar por los derechos de los trabajadores, están más interesados en el color y la textura del pan. Dichos representantes prefieren el pan de color claro, por lo que los panaderos debemos procurar que quede poco hecho. Esto supone una dificultad añadida al trabajo, pues hay que prestar mucha atención al horno y, cuando el pan empieza a adquirir color, sacarlo de inmediato.

Esta atención casi exclusiva a la apariencia del alimento supone un inconveniente, pues demuestra no solo poco interés en los trabajadores, sino aún menos en los clientes. O dicho de otro modo: demuestra demasiado interés en defender los intereses de los partidos políticos a los que apoyan los sindicatos. Aunque el pan tostado suele gustar a algunos clientes, hay tanta presión respecto al color que, si propusieras realizar una hornada de pan más cocido para que los clientes probaran algo diferente, los compañeros de trabajo más radicales podrían tildarte de retrogrado o incluso hacerte el vacío profesional.

Otro inconveniente es que, muchas veces, se pone tanto empeño en que el pan salga claro que, al final, el alimento queda blando y no llega a adaptarse a las necesidades dentales de muchos clientes. Pero, como hemos visto, las personas con poder en el Sistema consideran que esto es un impedimento secundario.

El color del pan termina siendo el debate principal y el trasfondo de todas las acciones que se emprenden en las panaderías. Podríamos hablar de nuevos modelos de horno para mejorar la calidad del pan, pero las agrupaciones de trabajadores no estarían de acuerdo en adquirirlos si sospechasen que el pan pudiera salir un poco más dorado.

El efecto colateral de este conflicto de intereses es la incapacidad de introducir mejoras que exijan algún cambio significativo, por lo que el modelo de producción que tenemos es casi el mismo desde hace mucho tiempo. De modo que en el sistema estatal de panaderías hay dos problemas principales: el problema del cambio, que siempre dificulta cualquier mejora, y el problema del color.

Una decisión intencionada: eliminar los cortes en cruz

¿Por qué los sindicatos no aceptan un color dorado en el pan? Una de las razones es porque los panes con cortes en cruz suelen ser más dorados. Así que presionar para que se elimine el color dorado del pan tiene su efecto sobre aquellas panaderías que realizan los cortes en forma de cruz. Ahora bien, aunque los grupos de presión que controlan las asociaciones sindicales abogan por eliminar las panaderías que aplican estos cortes, el cambio sería complicado, pues a muchos clientes les gusta este pan y se opondrían.

También sucede que muchas panaderías sociales practican el corte en cruz, de modo que los sindicatos se han posicionado a favor de las panaderías estatales y en contra de las sociales. En consecuencia, y por simples intereses ideológicos, muchas veces se produce un agravio comparativo que perjudica al primer tipo de centros y, por consiguiente, a sus clientes.

En cualquier caso, podríamos decir que algunos ya han firmado la sentencia de muerte de las panaderías sociales, pues cada vez se les está recortando más el presupuesto. De hecho, en estos momentos solo reciben dinero para pagar a los panaderos (y a veces ni eso, pues, con la crisis económica, esta ayuda se retrasa). El resultado es que los centros de tipo social deben luchar por mantenerse en pie y, si a ello sumamos alguna ley que intenta obligarlos a eliminar los cortes en cruz, muchas veces la presión sobre las panaderías sociales es desalentadora.

CAPÍTULO 11. EL SABOR DEL PAN

Además de su color, dureza y forma, el pan tiene un sabor, que es el que le proporcionan sus ingredientes (harina, agua, sal y levadura) y el tipo de horno donde que se cuece. Ahora bien, el tipo de harina ya no depende del lugar, pues esta se compra en grandes explotaciones. De forma que la diferenciación del pan se intenta conseguir con el tipo de horno utilizado.

Según el tipo de energía que utilicen, los hornos se clasifican en dos grupos: eléctricos y de leña. El tipo de horno permite la posibilidad de conseguir una mayor «personalización» en la fabricación del pan. Muchos consideran que el pan cocido en un horno de leña suele ser más sabroso que el producido en uno eléctrico. Sin embargo, la realidad nos indica que los eléctricos permiten ofrecer más tipos de pan, en mayor cantidad por día y con un proceso de elaboración más sencillo.

No obstante, aunque ambos métodos producen un buen pan, en España se ha optado por potenciar los hornos de leña, pues, según argumentan ciertos políticos a quienes interesa este modelo de producción, permiten mantener la tradición panadera y que la gente se identifique con su pan. En la mayoría de los países europeos suele suceder lo contrario, pues se ha optado por utilizar hornos eléctricos, de forma que el sabor del pan solo difiere en ciertos matices según la región del país donde se produzca.

De hecho, en nuestro país el sabor del pan varía mucho de una comunidad autónoma a otra, pues se intenta que los hornos sean diferentes. Esta diferencia del pan no se ha propiciado por las necesidades particulares de los clientes en cada comunidad, sino que más bien se ha «forzado» en base a los intereses del partido gobernante en cada una de ellas. Muchos panaderos, por su lado, defienden esta política y realizan un gran esfuerzo para que se cumpla. Es más: en muchas ocasiones, este planteamiento se sitúa muy por encima de los intereses alimentarios de sus clientes.

Recuerdo que, cuando era pequeño, algunos panaderos del centro estatal donde asistía resaltaban lo importante que era que el pan tuviese el sabor propio de la zona. Nos decían que, en otro tiempo, en España nos obligaban a comer un único tipo de pan. Según estos panaderos, no debíamos dejar que esto volviese a suceder, por lo que debíamos rechazar cualquier pan que llegase de fuera de nuestra comunidad, pues el que fabricábamos nosotros era mejor. Afirmaban que el gobierno central nos había estado manipulando y que debíamos evitar que se antepusiesen sus intereses a los nuestros.

Si lo analizamos desde una perspectiva histórica, la misma manipulación que criticaban era la que se estaba produciendo en aquel momento, aunque de forma más sutil y en sentido contrario.

Consecuencias del uso de hornos específicos

El sabor específico del pan de cada comunidad autónoma supone un elemento diferencial en el que los ciudadanos de cada una de ellas se reconocen. A priori, esto no tiene por qué ser una mala opción, pues podrían darse diálogos como este:

—Mi pan es así.
—Pues el mío es *asá*.
—Me gusta esto del tuyo.
—A mí, aquello del tuyo.

—Pues voy a añadir a mi pan ese ingrediente que le pones al tuyo.

—Yo le voy a quitar al mío este ingrediente.

Pero, en realidad, sucede lo contrario y los diálogos acaban desviándose hacia otros derroteros.

—Mi pan es así.

—Pues el mío es *asá*.

—No me gusta el tuyo.

—Ni a mí el tuyo.

—Pues no me gustas tú.

—Y tú a mí tampoco.

Al final, el sabor del pan se convierte en un elemento diferenciador entre ciudadanos de un mismo país. El problema es que esa diferencia termina por alejar posturas, cuando el objetivo principal debería ser el contrario: propiciar un acercamiento entre comunidades.

Recuerdo que hace unos años viajé a Irlanda para aprender inglés. Fuimos chicos de toda España y coincidíamos en excursiones y clases. En este viaje sucedió algo curioso: los chicos de cierta comunidad iban siempre juntos, mientras que los del resto de España nos conocíamos y nos relacionábamos de forma abierta. Parecía que hubiese una barrera invisible entre aquellos chicos y los demás.

Esta situación propició que el ambiente se cargara de sentimientos negativos (superioridad, diferencia…), ya que aquellos chicos parecían sentirse diferentes a nosotros; y nosotros, por la edad, no entendíamos lo que pasaba.

Con el tiempo, comprendí que la razón de esta diferencia se originaba en el pan que ellos consumían, pues era muy diferente al nuestro. Tan diferente era que parecía que intentase maximizar las diferencias con cualquier otro tipo de pan.

Sea como sea, volviendo a las diferencias que propicia el tipo de horno que se ha usado en la elaboración del pan, hay que tener en cuenta otros inconvenientes que este factor presenta: por ejemplo, la fabricación de los hornos. Y es que, como se tienen que fabricar a medida para cada comunidad, los hornos españoles salen más caros.

Esto no supone ningún problema para las comunidades con más recursos, pues pueden pagarlos sin problemas. Pero las que no los tienen deben reducir el presupuesto de otras partidas (por ejemplo, la calidad de la harina), de forma que, como resultado final, la calidad del pan se reduce a costa de los intereses políticos de ciertos partidos.

Una excusa para eliminar las cruces

Esta situación de desigualdad viene determinada por los partidos que obtienen más votos gracias a las grandes diferencias entre ciudadanos, los cuales han logrado influir más en la NOC que quienes opinan lo contrario. Así se ha conseguido en las últimas leyes aprobadas que el sabor del pan de una comunidad pueda ser completamente distinto al de otra. Y por si esto no fuera suficiente, también se busca que la diferencia se extienda a todos sus aspectos.

Las últimas propuestas de ley pretenden sustituir las rayas o cruces en la parte superior de la barra de pan por los escudos de cada comunidad autónoma. Este cambio requiere una gran inversión, ya que los cortes que se hacen en la masa deben mantenerse durante el proceso de cocción. Las comunidades con más recursos son las que mejor lo están consiguiendo. La señera catalana, por ejemplo, queda preciosa, mientras que el escudo extremeño sale algo deficiente, pero bueno, si se pone el escudo ya hay excusa para eliminar las cruces.

Muchos aseguran que, en la actualidad, el sabor del pan está influyendo en el comportamiento y en la forma de pensar. Y por lo visto, esto ya sucedió en el territorio que ahora mismo ocupa España, justo antes de lo que se llamó la Reconquista.

En otros países europeos más avanzados el pan suele elaborarse en hornos eléctricos, de forma que todo el mundo está de acuerdo en lo esencial. Sin embargo, también ofrecen la posibilidad de disfrutar de lo particular, si uno lo prefiere. Esta filosofía les permite centrarse más en trabajar que en discutir, lo que facilita la convivencia y aumenta no solo la riqueza, sino también el bienestar de los ciudadanos.

CAPÍTULO 12. LA CONSISTENCIA DE LAS RACIONES

Todos se quejan del problema de las panaderías: que si no se ofrece un buen servicio, que si no se les ofrece el apoyo económico que necesitan, que si esto, que si lo otro… Con cada nuevo gobierno, se plantea realizar un cambio legislativo para mejorar la situación, pero lo paradójico es que nunca se consigue nada. Todo sigue funcionando igual que antes, o incluso peor.

Una de las últimas leyes impuso que fuese obligatorio comer pan hasta los dieciséis años. El problema es que los clientes, que a los catorce años ya son lo bastante maduros como para decidir su alimentación, tienen que seguir yendo de forma obligatoria a los comedores de las panaderías, tal y como iban de pequeños.

El problema es que todo lo obligatorio acaba por odiarse; y lo que se odia, se rechaza; y cuando alguien rechaza algo, los que están alrededor hacen lo mismo. Y al final, todos lo rechazan.

Con esto no quiero decir que el Plan Nacional de Alimentación Básica tenga que dejar de ser obligatorio a los dieciséis años, sino que, si el objetivo es mantenerlo hasta esa edad, deberían ofrecerse más medios (al menos, para mantener la consistencia de las raciones que se consumían hace unos años).

Las dificultades que encuentran los panaderos para seguir manteniendo la consistencia de las raciones van en aumento, con lo que los panes que elaboran son cada vez menos consistentes. Este efecto es costoso de cuantificar, así que el único análisis que se realiza es el de la cantidad de raciones que comen los clientes. Por desgracia, esto proporciona un dato erróneo, ya que no se está midiendo la cantidad efectiva de pan que se consume.

Los panaderos (especialistas en hacer pan, pero no siempre en habilidades sociales), al recibir el rechazo frontal por parte de sus clientes, disminuyen el peso de la ración para que sea más fácil de comer: menos harina, más levadura y todo resuelto.

La barra de pan, que hace unos años era consistente y sabrosa, en estos momentos es ligera y poco nutritiva. A simple vista, presenta la misma forma, pero el pan actual está lleno de espacios vacíos. Sobre todo, el que se elabora para los clientes que deben tomarlo de forma obligatoria.

No opino que sea contraproducente cocer barras ligeras: el problema es que, aunque hay chicos capaces o incluso dispuestos a consumir pan más consistente, el Sistema dificulta que podamos ofrecérselo en condiciones razonables. En esta limitación también influye el sentimiento de «envidia» que caracteriza a una gran parte de la sociedad española, pues si a algún panadero se le ocurre ofrecer a varios chicos un pan más consistente, lo habitual es que los compañeros de estos los miren con recelo y que, en algunas ocasiones, lleguen incluso a marginarlos.

Ofrecer soluciones a los problemas planteados resulta bastante complicado con la legislación vigente. Esto es así ya que la NOC ha terminado por convertirse en una normativa obsoleta que intenta que el color, la forma y el sabor del pan solo sean del gusto de los legisladores que la redactaron. Esto determina que el pan no alimente lo suficiente ni se adapte a los gustos de los clientes. Pero, como la alimentación es gratuita hasta los dieciséis años, el debate sobre estos temas queda en segundo plano, pues se confunde la gratuidad (necesaria) con la pérdida de capacidad de elección.

Y así nos va: muchos chicos ni siquiera acaban el periodo obligatorio de asistencia a las panaderías; y los que lo acaban no lo hacen lo bastante bien alimentados como para afrontar su vida, ya que a los dieciséis años no saben valerse por si mismos. Los que deciden buscar trabajo no están lo bastante nutridos como para enfrentarse al mundo laboral; y los que pasan a alimentarse en niveles no obligatorios deben comerse una barra tan grande que acaban sufriendo una indigestión notable (esta última circunstancia se produce más en los chicos —el grupo marginal del sistema actual de panaderías— que en las chicas).

Los clientes, los padres, las empresas y la sociedad en general se quejan de esta situación, pero los centros y los panaderos no podemos hacer nada, ya que el Sistema y los grupos de presión, que con el tiempo han ido modelando la normativa de panaderías según sus intereses, nos lo impiden.

CAPÍTULO 13. EL COLORANTE

Aunque la NOC plantea una atención individualizada para cada cliente, ofrecerla resulta muy difícil (por no decir imposible) a causa de la configuración actual de los centros. Este problema se podría resolver si se crearan centros especializados, pero la realidad económica no lo permite. Y aunque la ley lo contempla, con el sistema actual de panaderías no hay suficientes recursos para atender a nuestros clientes como se debería.

Ahora bien, existe otra alternativa viable que consiste en mejorar el servicio mediante la potenciación y estabilización del sistema mixto que existe en la actualidad, pero esta no es una opción viable para ciertas ideologías. Así pues, aunque parezca que se intenta mejorar el sistema con cada ley, esto no se consigue, pues la estructura de fondo sigue siendo la misma. De modo que, para ofrecer una mejor adaptación del producto a los clientes, solo se han estado aplicando «parches».

Antes se disponía de cuatro comedores diferenciados dentro de cada panadería, pero con la última ley pasaron a ser tres, que se clasifican según el tipo de cliente que atienden: los que quieren comer pero a quienes les cuesta (dos comedores por centro), los que se niegan por completo a comer pan (uno o ningún comedor por centro) y, por fin, el resto de clientes. Se elimina, pues, el Departamento de Atención al Cliente, donde trabajé durante mi primer año.

El pan es el mismo para los tres grupos, ya que lo preparan los mismos panaderos que han aprobado la oposición de fabricación de pan estándar, pero se le añade un colorante. De esta forma, el pan parece distinto, aunque en el fondo sea el mismo, y así se resuelve el «problema» de tener que prestar un servicio especializado a estos clientes.

Para ofrecer una atención individualizada, lo primero que se debería hacer es algo que en raras ocasiones sucede: escuchar a los clientes. Por desgracia, como hemos visto, lo habitual es que se antepongan los intereses políticos de quienes hasta ahora han dictado las leyes.

Recuerdo que, hace dos años, la Consejería de Servicios Panaderos obligó al centro donde yo estaba trabajando a crear un comedor especial para los clientes que no querían comer. Esta imposición tenía su sentido, pues los centros prefieren no acoger a este tipo de clientes, ya que suelen ser más conflictivos que el resto. Hasta aquel momento, muchos centros optaban por no ofrecer un comedor específico para este tipo de clientes, así que estos acababan por irse a otras panaderías. Veamos cómo planificó mi centro la creación de este grupo especial.

Se reunieron todos los empleados de la panadería en el claustro, que es como solemos llamar a las reuniones de asistencia obligatoria para los panaderos de un centro. El objetivo era decidir el colorante que se le añadiría al pan del nuevo comedor, es decir, del que acogería a los clientes que se niegan a comer. Como siempre, se aprovechó la reunión para que la directiva criticase al consejero del ramo por obligar al centro a acoger a estos clientes. En todo caso, la crítica era más bien de cariz político, pues en realidad la ideología de esta propuesta casaba con las ideas de la directiva.

Pero volvamos al tema en cuestión. Por lo que escuché, casi todo el mundo ya tenía su opinión formada: varios trabajadores defendían que se añadiera colorante gris (más relacionado con las máquinas), mientras que otros proponían el colorante verde (más relacionado con la agricultura).

El panadero encargado de los hornos decía que los clientes que rechazan la comida no suelen estar interesados en las máquinas. Por esta razón, afirmaba, resultaba absurdo utilizar el colorante gris y, por tanto, proponía el verde, pues aseguraba que se adaptaría mejor al tipo de clientes que debían atender. También alegó que el centro carecía del espacio necesario para ubicar el comedor donde se repartiría el pan con colorante gris.

Lo interesante es que, según descubrí, este panadero se mostraba poco predispuesto a repartir entre el grupo nuevo de clientes las raciones de pan con colorante gris, que es justo la tarea que le habría correspondido en el nuevo comedor.

El responsable de la gestión de comedores respondió diciendo que se podría hacer un hueco en el ala norte del edificio y, además, añadió que la propuesta del colorante verde era más complicada de adaptar a la estructura del centro, ya que requería que la masa se secara antes al aire libre, lo cual obligaría a reservar un espacio del que dudaba que dispusieran.

Cuando llegó su turno, el director del centro declaró que él prefería el colorante gris, pues esto garantizaría que el centro recibiese un equipamiento que podrían usar otros grupos de clientes. Además, puntualizó que la panadería más cercana a nosotros, cuyos clientes presentaban un perfil sociológico parecido al de los nuestros, hacía dos años que había cambiado al colorante gris, pues ninguno de los clientes toleraba el verde, aunque de hecho tenía la infraestructura necesaria para ofrecer el pan con este último colorante.

Alguien comentó que los padres de los clientes a quienes atendíamos estarían más predispuestos a ofrecer a sus hijos pan con colorante gris, pero ciertos panaderos alegaron que los padres desconocían las necesidades reales de sus hijos.

Otra solución que se propuso fue que preguntásemos a los clientes cuál era su colorante preferido, pues esto nos ofrecería una pista sobre sus gustos y permitiría determinar el colorante que mejor podría adaptarse a sus necesidades. Pero, por lo visto, esta opción pareció demasiado extraña, ya que nadie dijo nada al respecto.

Como los partidarios del verde no se ponían de acuerdo con los del gris, se acordó crear una comisión de investigación que analizase las distintas posibilidades y buscase más información, para así poder tomar una decisión en el siguiente claustro.

Durante la nueva reunión, el responsable de la comisión de investigación concluyó que, a pesar de las dificultades, la mejor opción era ofrecer el colorante verde.

Resulta curioso que el responsable de la investigación fuera el responsable de las máquinas (y, por tanto, uno de los defensores del colorante verde), de modo que con esta decisión se había desembarazado de la «molestia» de tener que estar en el comedor con estos clientes.

CAPÍTULO 14. LOS LÍDERES DEL CAMBIO

Desde una perspectiva política, cualquier cambio que implique una mínima innovación supone un riesgo estratégico, pues puede provocar que muchos votantes se opongan al gobierno que lo promueve. Es más: cualquier cambio, por pequeño que sea, tendrá la oposición de los partidos de ideología contraria. Y en el caso de una medida adoptada por un partido conservador, la presión de los sindicatos se haría notar, con independencia del contenido de dicha medida. De esta forma, se explica la poca trascendencia de los cambios que se realizan, ya que estos se promueven desde los partidos políticos.

Sea como sea, si dejáramos el problema en manos de los centros, tampoco se avanzaría mucho, pues los equipos directivos están cada día más politizados. Esto determina que la dinámica política que he comentado en el párrafo anterior se repita en las panaderías. De hecho, el 85% de los centros donde he trabajado, los miembros del equipo directivo estaban vinculados, en mayor o menor medida, a algún partido político, lo cual condicionaba la forma en que desempeñaban su trabajo.

Otro grupo que se opone a todo cambio son los propios panaderos, que observan con recelo cualquier propuesta de ruptura. Esto se debe a que ellos suelen ser los primeros (y mayores) afectados por los cambios, lo cual paraliza la mayoría de las innovaciones. En realidad, el propio Sistema los empuja al inmovilismo, pues cualquier cambio suele afectarles de forma negativa.

En las reuniones de la Comisión de Coordinación Alimenticia (COCOA), los panaderos pocas veces se dedican a coordinar su trabajo, sino que en realidad invierten casi todo el esfuerzo en evitar que los demás departamentos crezcan a expensas del suyo, para así reducir el riesgo de perder alguna de sus plazas.

En conclusión: todos aquellos con capacidad para influir de forma directa en el Sistema tienden a intentar evitar cualquier cambio.

Los padres: los únicos líderes del cambio

Ya hemos visto que políticos, sindicalistas (actuando como políticos), equipos directivos, panaderos y el propio Sistema no están por la labor de realizar ningún cambio. Así que los únicos que parecen estar en posición de exigirlo son los padres. Ahora bien, en tal caso, van a toparse con la férrea oposición de los demás actores del Sistema.

La primera dificultad que encontrarán los padres que exijan un cambio es la necesidad de conocer la situación real de los centros. Si desconocen este dato, resulta poco probable que sepan cómo actuar. El problema es que profundizar en la realidad de los centros es una tarea complicada, pues estos intentan ser lo más impermeables posible a cualquier actor externo.

Los únicos que pueden informar a los padres de la situación real del centro son los panaderos. Sin embargo, alcanzar este grado de cooperación parece una quimera, pues la relación de estos últimos con los padres para tratar los temas de sus hijos es, por lo general, escasa y, muchas veces, incluso improbable, pues los panaderos tienden a evitarla.

Los centros obligan a sus responsables de elaborar el pan a que, durante una hora a la semana, ofrezcan atención a los padres, aunque los panaderos «agradecen» que no se les llame. Sea como sea, resulta cuanto menos curioso que esta hora de atención suela coincidir con el horario laboral de los padres...

—Ya me están agobiando los padres —se quejaba un compañero—. ¿Tú te crees que el padre de Juan vino a preguntarme por qué no comía su hijo?

La realidad es esquizofrénica: por un lado, los panaderos criticamos que los padres no se interesen por sus hijos, y por el otro, preferimos no saber nada de ellos. Tal vez deberíamos preguntarnos por el apoyo que los profesores reciben del equipo directivo, del propio centro o de la sociedad en general. Incluso la propia infraestructura de los centros llega a limitar la relación con los padres, pues lo habitual es que los panaderos solo puedan llamarlos con los teléfonos que se encuentran en los despachos de los miembros del equipo directivo.

A pesar del «vacío» al que el centro los somete, siempre hay algunos padres especialmente activos que insisten en participar en el funcionamiento de la panadería. Para evitar que estos puedan actuar sobre el Sistema, este se autoprotege mediante una solución bastante maquiavélica.

Los centros disponen un órgano de gestión (Consejo Panadero) que, en teoría, se encarga de tomar las decisiones relativas a su funcionamiento. Varios miembros de este consejo son padres de clientes, que a su vez actúan como representantes de los otros padres del centro.

Lo sospechoso es que, en el momento de tomar decisiones, estos representantes siempre están en minoría respecto del personal del centro, así que sus posturas muy pocas veces se llevan a la práctica si el equipo directivo no está de acuerdo con ellas.

También suele suceder que el equipo directivo implica en el Consejo Panadero a los padres afines a sus ideas políticas. De esta forma, en realidad el poder total sobre el Consejo queda en manos del equipo directivo y sus ideologías. Al final, termina por ser más importante la difusión de ciertas ideologías entre los clientes del centro que buscar una mejora del producto ofrecido.

Si los gestores del centro y los representantes de los padres no comparten la misma ideología, se puede llegar a situaciones que complican la gestión del Consejo Panadero, aunque en muy pocas ocasiones repercuten en el funcionamiento del centro. Esto es así porque los padres cuyos hijos asisten a determinado centro serían unos inconscientes si, por culpa de un enfrentamiento con el equipo directivo, estuviesen poniendo en juego la alimentación de sus hijos. Es más, no se puede obviar el punto de vista de los panaderos y el equipo directivo que suelen tener grandes dificultades para imponer unas normas de disciplina (o un programa de trabajo) cuando los padres pueden cuestionarlos en cualquier momento.

Opino que la mejor solución sería la intermedia, es decir, la que mantuviese un equilibrio entre la participación de los padres y la autonomía del centro. Pero este equilibrio es difícil de conseguir si pretendemos que cualquier panadería pueda ofrecer el servicio que todos los padres de una zona esperan. Por tanto, sería necesario no solo que los centros tuviesen la autonomía suficiente para establecer un «programa de centro», sino también que los padres pudiesen elegir con total libertad el más adecuado para sus hijos. Todo esto, por supuesto, sucedería en un entorno legislativo estable y equitativo para todos, que permitiría una mejor adaptación de los centros a las necesidades de los clientes a quienes ofrecen servicio.

CAPÍTULO 15. SITUACIÓN ACTUAL

En su día, la creación de las panaderías estatales resultó ser una gran idea, pues universalizó el acceso a la alimentación básica y permitió que los ciudadanos dispusieran de una mayor independencia para desarrollarse como personas.

Se dijo entonces que la fabricación del pan era una industria estratégica y que el Estado debería velar por su buen funcionamiento. Gracias a quienes defendían esta postura, hoy existe un gran núcleo de panaderías públicas (ya sean sociales o estatales) que asegura (obliga a) una alimentación básica gratuita para toda la población. Ahora bien, muchos son los que perciben que algo no funciona como debería y que el problema es mucho mayor de lo que parece. Y aunque existen soluciones que podrían mejorar el Sistema, para algunos estas son incompatibles con sus ideologías. Como resultado, se mantiene un sistema obsoleto que, día a día, empobrece la alimentación de sus clientes. Es más: la mayoría de los cambios que se introducen para intentar mejorar la situación terminan por ser negativos. Por tanto, para afrontar el problema debemos adoptar una visión global, pues los intentos realizados hasta ahora desde la perspectiva actual no han tenido ningún efecto positivo.

La dificultad de aplicar una solución global innovadora radica en la imposibilidad de derribar las «paredes mentales» que nos impiden mostrar el cambio que proponemos. Pero si analizamos esta situación desde una perspectiva en la que el cambio del Sistema ya se ha completado, volver a la situación anterior carecería de sentido. Basta con que leamos este diálogo hipotético entre dos ciudadanos que sueñan con el cambio educativo:

—¿Tú compras agua embotellada para tu casa?

—Sí, porque la del grifo ya no hay quien se la beba.

—¡Pero si la del grifo te sale gratis!

—Sí, pero no me gusta.

—¿Y cuál compras?

—Compro Chulí, que les gusta más a mis hijos.

—Pues imagínate que la empresa que embotella el agua Chulí no cae bien al Gobierno; o que hay que apoyar el agua del grifo, pues cada día se usa menos. E imagínate que, entonces, el Gobierno decide prohibir el agua embotellada. ¿Qué pensarías?

—Pensaría que mi alimentación es tan importante que yo soy libre para saber lo que me interesa y lo que no.

—Pues con las panaderías lo están consiguiendo: en silencio y poco a poco, de forma casi inadvertida, los gobernantes pretenden elaborar el pan con el color y el sabor que les interesa y, de hecho, utilizan tu dinero para mantener esas panaderías. Solo aquellos ciudadanos con más recursos podrán permitirse adquirir el pan que necesitan, o el que les gusta, en las panaderías privadas. Aunque estos centros tampoco terminan de funcionar con independencia, ya que para fabricar el pan también deben cumplir la NOC.

—Entonces ¿qué propones?

—Se pueden hacer muchas cosas. Pero tenemos las manos atadas.

—¿Y los políticos pueden hacer algo?

—Ni pueden ni les interesa.

—¿Y la gente?

—Puede exigir sus derechos. Lo ideal sería que cualquiera pudiese comprar en la panadería que quisiera, pero los políticos están tan presionados por sus ideas del color y del sabor que no quieren perder el control del pan. Y, por si esto no fuera suficiente, se intenta acabar con cualquier competencia que pueda poner en peligro su monopolio.

PARTE 3
PROPUESTAS DE SOLUCIÓN

INTRODUCCIÓN

En esta tercera parte se incluyen los cinco capítulos finales, con los que realizo una propuesta concreta para mejorar el sistema de panaderías. He preferido posponer las propuestas de mejora para, en la medida de lo posible, poder diferenciar los problemas de las soluciones, ya que estas últimas pueden ser varias y, por tanto, modificables a lo largo del tiempo.

También hablaré un poco del nuevo trabajo que he pasado a desempeñar (el de profesor), que en el fondo no es muy diferente del que he realizado hasta ahora: panadero.

CAPÍTULO 16. MI PROPUESTA DE SOLUCIÓN

En los capítulos anteriores he desarrollado una serie de ideas que describen los claroscuros del sistema estatal de panaderías. Después de haberlas expuesto y analizado, paso ahora a extraer los elementos básicos que permitirán obtener una solución al problema planteado:

a) El sistema de panaderías funciona de forma deficiente, pues es incapaz de ofrecer un servicio de calidad que se adapte a las necesidades reales de los clientes.

b) A pesar de que se han realizado muchos cambios legislativos, la situación sigue empeorando. Es necesario, por tanto, un cambio estructural innovador.

c) Es difícil conseguir este cambio en el Sistema que tenemos, ya que los principales actores (políticos, sindicatos, equipos directivos y panaderos) se oponen a cualquier modificación sustancial.

d) Si los padres quieren una buena alimentación para sus hijos, deben ser ellos quienes exijan este cambio, pues son quienes deberían velar antes que nadie por esa alimentación.

Por tanto, el origen del cambio debe originarse gracias a una mayor participación de los padres en los centros panaderos. Ahora bien, esta ha de ser real; y al mismo tiempo, es necesario que garantice a los panaderos un margen suficiente para desempeñar su trabajo. Veamos a continuación cómo conseguir este equilibrio entre la acción de los padres y la autonomía de los panaderos.

Los padres pueden participar al menos dos veces en la orientación del trabajo en el centro: durante la matriculación o durante el año panadero. Si pretendemos que la participación de los padres sea efectiva, se tendría que cambiar el Sistema para que pudiesen participar en ambos momentos.

Este cambio permitiría una mayor compenetración entre padres y centros, pues si los padres tuvieran capacidad de elección plena durante el proceso de matriculación, les resultaría más fácil elegir el tipo de panaderías que considerasen más adecuadas para sus hijos. De esta forma, el trabajo conjunto entre padres y profesores durante el curso sería mucho más productivo.

La ventaja de este modelo es que si los padres no están satisfechos con un determinado centro (ya sea por rendimiento, atención, amistades...), pueden optar por cambiar a sus hijos de panadería el curso siguiente. Ahora bien, para conseguir que la posibilidad de cambio sea real, es necesario modificar el Sistema actual para que exista un entorno legislativo estable que permita que cualquier tipo de centro (estatal o social) crezca si existe la demanda suficiente de clientes o, por el contrario, que decrezca si no hay demanda.

Es importante hacer hincapié en la importancia de un entorno legislativo estable, pues ninguna gran inversión en el desarrollo de panaderías es viable si el mantenimiento de un acuerdo de colaboración con la administración depende del partido político que gobierne en cada momento.

Por tanto, es deseable que un cambio legislativo de este calado se realice bajo un pacto de Estado que permita ofrecer la seguridad suficiente como para promover la inversión (privada) en nuevas panaderías. Esta mayor inversión redundaría en un mayor número y una mayor variedad de centros, lo que a su vez permitiría una mejor atención de los clientes.

Si esta propuesta llegara a plantearse de forma seria, lo más probable es que se encontrara con la oposición de panaderos y sindicatos, que empezarían a planificar diferentes tipos de movilizaciones. Movilizaciones que, a su vez, contarían con el apoyo de los políticos, quienes así tratarían de convencer a los padres afines a su partido para que no aceptasen este cambio. Los demás padres, en cambio, pensarían que todo seguiría como siempre. Y tal vez tuvieran razón.

Por mi parte, opino que ya he cumplido con mi responsabilidad: contarles a mis conciudadanos que un Sistema mejor es posible. ¿Y por qué lo hago? ¿Por qué soy tan tonto como para sugerir algo que complique aún más mi trabajo de panadero? Porque no tengo miedo al cambio, ya que estoy convencido de que este será para mejor. Porque considero que los intereses de la sociedad en la que vivo están por encima de los míos. Y, además, porque tengo dos hijos, que heredarán la situación social y económica resultantes del servicio alimenticio que ofrecen las panaderías en la actualidad.

Cómo acercarnos a la solución

Para que el cambio sea una realidad, el Estado debe establecer ayudas para que el Sistema pueda adaptarse al nuevo contexto. Como hemos comentado, en este escenario los padres pasarían a tener una mayor capacidad de decisión sobre la alimentación de sus hijos, lo que obligaría a muchos centros a adaptarse al nuevo contexto si sus condiciones no son las adecuadas o si su rendimiento es bajo.

Todos los panaderos consideran que la alimentación de los jóvenes es una tarea que deben realizar en equipo con los padres. Pero ¿qué pasa con un equipo cuando se ignoran las opiniones de varios de sus miembros? La respuesta es evidente: que estos acaban por inhibirse. Y esto es lo que sucede ahora mismo cuando centros y panaderos (el Sistema, en definitiva) ningunean las demandas de los padres.

También resulta necesario asegurar que la inversión en los centros no dependa de la titularidad de estos. Es decir: el Gobierno ha de ofrecerles los recursos teniendo en cuenta una serie de factores objetivos e idénticos para cualquier centro. Dos de estos factores son, por ejemplo, el número y el tipo de clientes que asisten, pues los clientes con necesidades alimenticias especiales, los inmigrantes, los pertenecientes a minorías étnicas o los superdotados requieren una mayor atención y, por tanto, más recursos.

Imaginemos a un franquiciador que, a su vez, también posee tiendas propias. E imaginemos que ambos tipos de tiendas (propias y franquiciadas) ofrecen servicio en una misma ciudad. ¿Qué pasaría si las tiendas propias recibiesen el producto de fábrica en condiciones más favorables y, por tanto, gozasen de más apoyo que las franquiciadas? Pues que la franquicia acabaría por cerrar, ya que se estaría compitiendo con ella de forma desleal. Aunque ofrezca un servicio mejor que la primera.

Pero, sobre todo, no podemos olvidarnos de los panaderos, actores principales del Sistema. Hay que contar con ellos y facilitarles en todo momento información, apoyo y estímulo.

Un cambio tan abrupto como este requiere que consideremos otros muchos factores (y, como en cualquier otra ley, estos factores deberían tenerse en cuenta desde el principio). A pesar de todas las precauciones que se tomen, se suelen producir de forma inevitable pequeñas desviaciones, que se pueden resolver conforme van apareciendo.

Este cambio no solo logrará mejoras como la de la calidad de la alimentación global de un país, sino que también permitirá desarrollar una mayor inversión en infraestructuras y servicios alimenticios (lo cual, a su vez, permitirá un mayor crecimiento y la creación de nuevos puestos de trabajo).

La solución que propongo no es novedosa: apoyar cualquier iniciativa que apueste por encontrar mejores soluciones alimenticias. De hecho, ya se ha aplicado en otros países. En España, en cambio, la razón por la que este modelo no se pone en práctica radica en la negativa, por principios, de ciertos grupos de presión y partidos políticos. No porque dicho modelo no vaya a resolver el problema, sino porque, como hemos visto, va en contra de sus intereses o ideologías. Sobre esta idea profundizaremos en el siguiente capítulo.

CAPÍTULO 17. ¿CÓMO BLOQUEA LA POLÍTICA EL SISTEMA DE PANADERÍAS?

Hoy en día, las empresas que manufacturan no tienden a ofrecer una gran variedad de productos, sino a centrarse en unos pocos (sobre todo, en aquellos en la fabricación de los cuales la empresa tiene mucha experiencia). Esta estrategia permite ofrecer un buen producto al cliente. Es decir, que estaríamos hablando de dos conceptos clave: especialización y satisfacción del cliente.

El Plan Estatal de Panaderías no se organiza en torno a la especialización, ni a la satisfacción del cliente, ni mucho menos a la efectividad. Es más: no piensa en la alimentación, sino en mantener los intereses de una determinada ideología. Y esto se consigue mediante un monopolio encubierto donde el primer perjudicado es el ciudadano, pues no recibe el servicio que precisa. Analicemos las consecuencias de esto desde otra perspectiva.

Existe una amplia variedad de necesidades alimenticias, de gustos e incluso de alergias a ciertos componentes del pan. El mantenimiento de grandes centros impide que se pueda atender a todos los clientes por igual, ya que, así como algunas grandes empresas no pueden reaccionar frente a las necesidades específicas de ciertos clientes, los centros panaderos actuales tampoco.

Imaginemos que se ha decidido introducir frutos secos en el pan. Puede haber clientes a quienes no les gusten los frutos secos, así que habría que crear dos grupos: aquellos a quienes les gustan y aquellos a quienes no (sin olvidar a los que pueden ser alérgicos). Y así irían saliendo casos para los que, según mi experiencia, las panaderías estatales no son capaces de adaptarse. Esta situación determina un bloqueo en el Sistema que impide que alguna vez llegue a implantarse una solución alimenticia que incluya frutos secos.

La única opción sería que un grupo de panaderos expertos en frutos secos considerase que su experiencia puede aplicarse a la elaboración de pan y crease una panadería especializada en este tipo de productos. No me cabe duda de que el servicio que ofrecerían sería útil para muchos ciudadanos. Y si no lo fuera, los ciudadanos se interesarían por otras opciones, lo que obligaría a dicha panadería a mejorar su servicio, o a cerrar.

En el caso de que la experiencia funcionase, otras panaderías (sociales o estatales) podrían copiar ese modelo, lo cual mejoraría de forma global el servicio ofrecido a la ciudadanía.

Pero, como he dicho antes, el problema no reside en no poder, sino en no querer. En realidad, ya existen panaderías que, de alguna forma, son especializadas: las panaderías sociales. Y como ciertos grupos de presión no las aceptan, todo lo que suene a especialización se niega por norma, de modo que se pierde toda opción de mejora que cualquier cambio de este estilo puede ofrecer.

Por tanto, el problema principal va más allá del propio Sistema (que dispone de una posibilidad clara de mejora). El problema está en la mente de aquellos que no aceptan las ideas de otros. Este bloqueo ideológico es el verdadero obstáculo que impide cualquier mejora.

Ahora bien: ¿cómo se consigue impedir la evolución hacia un Sistema más abierto? La respuesta es: a base de legislación y manipulación, pues nos dicen que las panaderías son un bien estratégico y que es necesaria su defensa. Este argumento les da la suficiente legitimidad como para mantener un sistema injusto, aunque sea ineficiente y produzca un grave problema económico y social que, aunque se intenta ocultar todo lo posible, siempre aflora (véase la crisis crónica de España).

Son curiosos los mensajes que difunden estos grupos de presión para defender sus intereses. Veamos un ejemplo. Los partidos que se oponen a las panaderías sociales critican la actual libertad de elección (aunque esté limitada) diciendo que el presupuesto de los centros estatales se está yendo a los sociales. Sin embargo, esta idea no se sostiene por dos motivos. En primer lugar, ambos centros ofrecen un servicio público. Y en segundo, el coste de la producción en las panaderías sociales es menor que en las estatales, por lo que cuantos más clientes vayan a las sociales, más presupuesto les quedará a todas las panaderías para atender a las necesidades de sus clientes.

Ahora bien, el Sistema actual condiciona que el servicio ofrecido por las panaderías sociales no parezca un servicio público, pues no ofrecen acceso a todos los clientes que lo solicitan. Pero esta limitación no la propician dichas panaderías, sino aquellos que quieren que desaparezcan, ya que no reciben ni la autorización necesaria para ampliar los grupos (con una demanda que, en algunos casos, triplica la oferta) ni los mismos recursos que las estatales para lograr dicha ampliación.

Además, tampoco reciben los recursos suficientes para su funcionamiento, con lo que los centros sociales se ven obligados a pedir ayudas a los padres para su sostenimiento. Y dichas ayudas, en cualquier caso, no pueden llegar a igualar los recursos de los centros estatales, lo cual supone un agravio comparativo encubierto.

Hace poco, mantuve una conversación telefónica con la responsable de calidad de las panaderías en el Ministerio en una determinada comunidad autónoma. Le pregunté sobre los recursos que las panaderías recibían para implantar los sistemas de calidad y me respondió que las estatales podrían recibir más de

1.200 euros, mientras que las sociales no superaban los 800 euros. ¿Es justo para los padres que llevan a sus hijos a los centros sociales que se los discrimine de esta forma? ¿No habría que establecer criterios objetivos para repartir recursos?

CAPÍTULO 18. EL AÑO QUE VIENE

Mi trabajo como panadero ya está terminando. No porque me desagrade elaborar pan (de hecho, es mi pasión), sino porque siento que ya he aportado mi granito de arena para mejorar la alimentación de la sociedad donde vivo.

Llegado a un punto, experimenté la necesidad de cambiar de trabajo para que mis conocimientos también se pudiesen aplicar en otro sector, así que hace unos años decidí empezar a prepararme para optar a una plaza de profesor de secundaria. Mis amigos me lo desaconsejaron, diciéndome que saldría de Guatemala para entrar en *Guatepeor*. Según me aseguraron, el trabajo de profesor acaba desgastando mucho a quien lo ejerce. Pero yo ya había tomado mi decisión.

Mientras preparaba las oposiciones de profesor, estuve escribiendo este libro, con la esperanza de que algún día la sociedad se arme de valor para introducir los cambios arriesgados que requiere el sistema estatal de panaderías.

Sin embargo, este libro no ha sido el único fruto de mi tiempo opositando. Y es que, por fin, tras varios años de estudio, acabo de aprobar las oposiciones del Cuerpo de Profesores del Estado. Creo que desempeñaré bien este nuevo trabajo, pues me gusta nutrir a la gente tanto con alimentos como con ideas, así que me encuentro muy ilusionado.

Estoy seguro de que disfrutaré de mi nuevo destino. El sueldo no está mal y ya he impartido clases en la universidad. Además, dicen que hay un par de meses de vacaciones, y a mí me encanta viajar. Aunque también dicen que los chicos son cada día más rebeldes, pero seguro que no es para tanto: los profesores siempre se quejan de todo. En cualquier caso, prometo seguir escribiendo hasta concluir este libro.

CAPÍTULO 19. MIS PRIMEROS MESES EN EL SISTEMA EDUCATIVO

En estos primeros meses como profesor, me he percatado de que el problema que presenta el sistema educativo es muy similar al del sistema de panaderías. Esto se puede entender con dos ejemplos. Por un lado, observamos que la adecuación del servicio alimentario a los clientes del sistema de panaderías guarda paralelismos con la adecuación de la formación del alumnado al sistema educativo. Y por otro lado, observamos que la cantidad y consistencia de las raciones en el sistema de panaderías tiene mucho que ver con el rendimiento en el sistema educativo.

Por supuesto que son dos ámbitos diferentes pero, en ciertos aspectos, son parecidos. La diferencia fundamental radica en que el sistema educativo influye en la sociedad más que el de panaderías, pues tiene su efecto sobre la economía, las relaciones sociales, el desarrollo personal, la permeabilidad entre clases sociales, etc.

Ahora bien, si me permito comparar ambos sistemas es porque los dos consiguen resultados mediocres en lo más básico. De este modo, el sistema educativo fracasa en la formación de los alumnos como el sistema de panaderías fracasa en la alimentación de los clientes. Así pues, ambos podrían mejorarse como sistemas si se realizasen las recomendaciones que he propuesto en capítulos anteriores, pues la solución que sugiero actúa sobre la raíz del problema.

Antecedentes

El efecto más visible del problema del sistema educativo es su alto porcentaje de fracaso escolar. En pleno 2012, el 36% de la población española entre 25 y 29 años no ha finalizado su formación obligatoria (mientras que en el resto de Europa es el 18,6%)[2]. Es decir, el Sistema está tan alejado de los intereses de los alumnos que estos prefieren dejar de estudiar, a pesar de que esto suponga un problema para su futuro personal y profesional.

Pero, al igual que ocurre con un iceberg, la parte del problema que no se ve es la más grande, pues existe un porcentaje de alumnos bastante elevado (aunque se intenta ocultar por intereses políticos) que acaba su formación obligatoria sin haber alcanzado los objetivos mínimos. Esto tiene dos efectos claros sobre la formación posobligatoria, que no se recogen en las estadísticas.

En primer lugar, como estos alumnos son incapaces de seguir el ritmo de los nuevos requerimientos, acaban por abandonar, así que podríamos decir que una gran parte de los alumnos no está preparada para seguir estudiando. Esto puede considerarse como un fracaso de la educación obligatoria entendida como etapa preparatoria para estudios posteriores. En concreto, solo el 27% de la población joven en España tiene estudios secundarios superiores, frente al 49% de Europa.

En segundo lugar, los alumnos con graves deficiencias formativas obligan a retrasar el ritmo de las clases, lo cual afecta al resto de compañeros que acuden a esta formación posobligatoria, pues es un retraso que se va arrastrando en etapas formativas posteriores.

Al igual que ocurre en el sistema de panaderías, la causa principal de estos malos resultados educativos es el mantenimiento de un sistema burocrático protegido por intereses ideológicos, que impide la introducción de las

---

[2] Fuente: Las cifras que demuestran el fracaso. El Mundo.es. 29/01/12.
http://www.elmundo.es/elmundo/2012/01/28/espana/132 7772278.html

mejoras que necesita cada sistema. Por tanto, es ahí donde se debe actuar si queremos resolver el problema.

Para mejorar el sistema educativo, se debe permitir que este pueda adaptarse a las necesidades reales de la sociedad. Esto solo puede lograrse si apoyamos por igual cualquier propuesta educativa que intente mejorar el servicio ofrecido a los ciudadanos, sin excluir de este objetivo a aquellos cuyo pensamiento difiera de lo que ciertos grupos de presión quieren dictar.

La propuesta anterior requiere un ajuste adicional que pueda responder al resto de condicionantes que determinan el sistema educativo: desarrollo personal, integración social, formación continua, adecuación de la formación a las necesidades o intereses del alumnado, etc. Veremos en el siguiente capítulo cómo el modelo propuesto, por sí mismo, tiene en cuenta dichos elementos.

CAPÍTULO 20. ADAPTACIÓN DE LA PROPUESTA DE SOLUCIÓN AL SISTEMA EDUCATIVO

Al igual que sucede con el sistema de panaderías, al sistema educativo lo influyen un conjunto de elementos que, en un espacio multidimensional, adoptan diferentes posiciones de «tensión», que a su vez van modelando el espacio que dicho sistema ocupa en cada momento. Empecemos observando las fuerzas que posicionan y moldean el sistema educativo respecto de la dimensión en la que se encuentra el rendimiento académico.

En un extremo de la dimensión académica está el modelo educativo «elitista», que establece un nivel formativo mínimo y exige exámenes objetivos, para los que se prepara a todos los alumnos por igual. Si el alumno aprueba los exámenes, pasa de nivel. Si no los aprueba, repite el curso.

En el otro extremo está la integración social. Si suspendemos a quienes no alcanzan el nivel deseado, estamos excluyendo de las aulas a aquellos alumnos que, por diversas razones (problemas familiares o sociales, dificultades económicas, deficiencias de centro, etc.), no llegan a asimilar los contenidos mínimos establecidos. Ahora bien, como contrapartida se produce un empobrecimiento global del nivel educativo que solo podría evitarse si se aumentaran los recursos educativos actuales en una proporción elevada (algo que dudo que a medio o largo plazo pueda ser posible).

Por tanto, se dan en la misma dimensión dos exigencias igual de importantes: aumentar el rendimiento de los alumnos e integrar en el aula a los alumnos en riesgo de exclusión. Visto desde cierta perspectiva, por un lado se espera que los mejores alumnos sean capaces de ofrecer a la sociedad en un futuro un elemento diferencial (a nivel económico y tecnológico). Pero, por otro lado, si no se atiende a los alumnos en riesgo de exclusión, se estará ignorando a un grupo con una necesidad básica muy concreta.

Este conflicto de intereses (en mi opinión, legítimos) dificulta que encontremos una solución. Hasta ahora, se ha intentado solucionar este dilema sin modificar el Sistema, lo que ha provocado que al menos una de las partes salga perdiendo. En concreto, se perjudica a los alumnos con altas capacidades o a los de clase media-baja que necesitan una mejor formación para progresar económicamente. Sea como sea, los más perjudicados son aquellos alumnos que, a pesar de tener capacidades suficientes y querer aprender, no pueden desarrollar su potencial ni aun gracias a su predisposición. Esto confirma la percepción de que el sistema educativo limita por debajo.

Mi propuesta de mejora supone un cambio de paradigma, puesto que pone el énfasis en el alumno, lo cual permite una mayor adaptabilidad a las necesidades u objetivos de este. De esta forma, se mejoraría la formación que reciben todos los perfiles. Es decir, pasaríamos de una situación en la que hay ganadores y perdedores a otra en la que todos ganan.

Visto desde otra perspectiva: el actual planteamiento de opuestos que excluye a un grupo de alumnos con necesidades concretas pasaría a ser un planteamiento de complementarios, en el que se ofrecerían soluciones a medida para cualquier tipo de alumnos. Y hoy por hoy esto ya es posible, pues, gracias al grado de desarrollo social alcanzado, existe una gran capacidad formativa y una madurez suficiente por parte de los ciudadanos como para que puedan elegir el tipo de formación que requieren en cada momento. Por desgracia, como ya hemos comentado, el actual modelo educativo limita esta capacidad de decisión.

CAPÍTULO 21. CRÍTICAS AL PLANTEAMIENTO REALIZADO

Mi propuesta de esta tercera parte del libro no es del todo original, pues una parte de la sociedad la sugiere desde hace algún tiempo. De hecho, la propuesta ha recibido diferentes críticas por parte de los grupos de presión a quienes no interesa.

La crítica más importante consiste en afirmar que el cambio supone la segregación de los alumnos. Pero, si analizamos nuestra realidad inmediata, es el Sistema actual el que está condenando a la exclusión social y profesional al 36% de los alumnos que no consiguen terminar la formación obligatoria. No hay mayor exclusión que esta.

Es más, la tendencia del actual sistema educativo a limitar por debajo, como hemos comentado, está marginando a aquellos chicos y chicas con nivel medio-bajo de conocimientos que, aunque quieren aprender, se encuentran en un entorno que no se lo permite. Esta tendencia también perjudica a aquellos alumnos de clase media-baja que solo pueden mejorar a través de una buena educación, o a los de altas capacidades que no encuentran su espacio en el sistema educativo.

Por tanto, la realidad es que, en estos momentos, el sistema educativo es claramente segregacionista con aquellos que podrían aprender más si el Sistema se lo permitiese. Ahora bien, de esto nunca se habla porque la exclusión de quienes tienen más capacidades no es visible desde fuera de los centros (lo que no implica que deje de ser real, tal y como he podido constatar con mi experiencia).

Para justificar la crítica a mi propuesta, se especula con los resultados de la hipotética segregación que conllevaría, es decir, con lo que sucedería si se separase a los alumnos teniendo en cuenta los intereses de estos, ya que podría ocurrir que estas agrupaciones (teniendo en cuenta los intereses de los alumnos) propiciasen grupos con diferente nivel formativo.

Por ejemplo, aquellos que quisieran estudiar carreras universitarias estarían más interesados en adquirir un mayor nivel en sus asignaturas, sobre todo en las de contenidos relacionados con sus futuribles carreras. Sin embargo, aquellos que no estuvieran interesados en seguir estudiando esperarían recibir otro tipo de formación más enfocada a unos mínimos formativos y a la inserción sociolaboral. Esta diferencia de intereses, se afirma, determinaría grupos con niveles diferenciados. Aunque esto no tiene por qué ser así.

A efectos de cambios, se mantendrían los grupos de ciencias con un nivel superior, pero desaparecerían aquellos grupos donde se mezclaban alumnos interesados en seguir estudiando y otros interesados en dejar de hacerlo. Esto redundaría, sobre todo, en la mejora de los grupos de letras, que era donde hasta ahora se solía agrupar a estos dos tipos de alumnos. Así, se mejoraría su formación y, por tanto, los servicios que los ciudadanos recibirían de estos profesionales en un futuro.

Los alumnos con intereses diferentes a unos estudios reglados trabajarían en otros grupos específicos donde se les podría atender según sus necesidades, de modo que estarían más motivados y su rendimiento sería mayor.

El supuesto sentimiento de inferioridad

En la mayoría de los casos, la agrupación de los alumnos que no quieren seguir estudiando determinaría un grupo con un nivel inferior al resto. Pues bien, algunos críticos defienden que los alumnos que se situasen en grupos de menor nivel se sentirían inferiores a los demás, lo cual resultaría en un agravio comparativo, pues este sentimiento de inferioridad determinaría una limitación en su desarrollo formativo. Pero la realidad no es así, tal y como veremos a continuación.

En primer lugar, hay que tener en cuenta que la agrupación por intereses se efectuaría en educación secundaria, que es una fase en la que los alumnos empiezan a discernir sus intereses con cierta madurez.

En la actualidad, los Programas de Diversificación Curricular (PDC) y los Programas de Cualificación Profesional Inicial (PCPI) reagrupan a los alumnos según sus capacidades/intereses. Pero lo interesante es que, si se gestionan de forma correcta, estos programas son incluso deseados por los alumnos, pues se adaptan a sus circunstancias particulares. La labor del profesorado es que los alumnos no se sientan inferiores, sino al contrario: deben sentirse afortunados de estar en un grupo privilegiado, de poder desarrollar sus capacidades en un entorno adaptado a ellos. Y si el profesorado se implica, esta situación puede lograrse.

Además, existe la experiencia previa de Cataluña, que supone un antecedente. En esa comunidad, se tiende a separar a los alumnos por sus intereses. Y los resultados, según las experiencias personales de los profesores, son bastante buenos. Ahora bien, se coincide en que para lograr este éxito es necesaria la implicación del profesorado en realizar un buen trabajo. De otra forma, la separación no supone ninguna mejora de la situación actual.

No estoy de acuerdo con ningún tipo de segregación y, de hecho, estoy convencido de que la solución que propongo no es segregadora. La segregación está en el sistema actual, por lo que quedarnos como estamos implica seguir manteniendo esa auténtica segregación encubierta. Sin embargo, el cambio propuesto abriría posibilidades de mejora.

Mi propuesta no deja de lado a los alumnos con mayor riesgo de exclusión (minorías étnicas, inmigrantes, etc.). Al contrario: atender al alumnado de acuerdo con sus necesidades e intereses facilita que el sistema educativo ofrezca el servicio que estos grupos requieren.

Por ejemplo, el actual sistema educativo escolariza por edad con el objetivo de que los alumnos puedan integrarse en el grupo con el nivel de crecimiento social más adecuado a ellos. Esto no es siempre lo más adecuado, ya que en muchas ocasiones el alumnado inmigrante tiene no solo un nivel de conocimientos inferior al de los alumnos de su misma edad, sino incluso un nivel de desarrollo social (respecto de esa nueva sociedad a la que ya pertenece) también inferior.

Pues bien, estos elementos no se tienen en cuenta, ya que se escolariza al alumno inmigrante en el curso que supuestamente le corresponde por edad. Por desgracia, las consecuencias son casi siempre las mismas. Como no puede seguir el ritmo de las clases, el alumno se limita a no prestar más atención. A esto suele sumarse su afán de integración, al que aspira adoptando un comportamiento que sus compañeros puedan admirar o disfrutar, y que consiste en ser el más travieso (por decirlo con suavidad). La combinación de estos dos elementos determina el fracaso escolar de dicho alumno y, además, a nivel social le conlleva unas consecuencias nefastas a largo plazo.

Establecer una formación centrada en el alumno permitiría resolver estos problemas, tal y como ya se están resolviendo en las llamadas «comunidades de práctica» (propuesta educativa en la que los padres, la administración, las empresas y los agentes sociales del entorno del alumno pasan a formar parte activa del sistema educativo).

Así pues, mi planteamiento busca la adaptación del Sistema a las motivaciones, los intereses y las capacidades del alumno. Se trata de conseguir una mayor especialización entre los centros y dentro de ellos, lo cual influiría en los criterios de los padres a la hora de matricular a sus hijos en los centros educativos.

En la actualidad, el factor de elección relacionado con las creencias religiosas es el elemento principal de agrupación de los alumnos en los centros educativos. Ahora bien, la posibilidad de elección del centro por parte de los padres determinaría una mayor heterogeneidad en el aula respecto de las creencias religiosas de los alumnos. Por tanto, introducir cierta heterogeneidad facilitaría promover la tolerancia y el crecimiento personal de los alumnos.

Interpretación del conflicto: grupos heterogéneos frente a grupos homogéneos

El problema de la hipotética segregación también se puede analizar desde otra dimensión, en la que se oponen la homogeneidad y la heterogeneidad de los alumnos en el aula. Muchos estudios analizan la importancia del trabajo en el aula con un grupo heterogéneo de alumnos, así como las posibilidades que ofrece la formación colaborativa para resolver las dificultades formativas que conlleva este alto grado de heterogeneidad en el aula.

Para oponerse a que se agrupe a los alumnos de acuerdo con sus preferencias, las voces críticas esgrimen como argumento la reducción de cierto grado de heterogeneidad que conllevaría mi propuesta de solución. El motivo de dicha oposición es que consideran que así se perdería la riqueza de la heterogeneidad en el aula. Ahora bien, integrar por integrar no es el objetivo. Este es un error de concepto que se comete de forma habitual. La integración es deseable solo si las condiciones en las que se realiza son positivas para el individuo y para el conjunto. Si no lo son, es necesario buscar otra solución.

Los estudios que defienden la integración no tienen en cuenta la dificultad de gestionar con los recursos actuales un aula con un grado de heterogeneidad elevado. Aunque hay que reconocer que, si se dispusiese de muchos recursos, la integración en este contexto sería posible, pero, por desgracia, la realidad es otra. Así pues, resulta obvio que diseñar el Sistema sin tener en cuenta este parámetro es un error muy grave.

Este diseño también ha de tener en cuenta las características del alumnado en su país (en nuestro caso, en España). Por ejemplo, es más fácil gestionar la heterogeneidad del aula en Finlandia (donde lo que dice el profesor se acata sin rechistar) que en España (donde lo que dice el profesor parece que cae en saco roto).

En mi opinión, puede haber cierto grado de heterogeneidad que, si se gestiona mediante técnicas colaborativas, puede resultar muy positivo para el crecimiento personal de los alumnos. Ahora bien, en general, la configuración actual de los centros no permite el trabajo con el nivel de heterogeneidad existente.

Mi propuesta no elimina la heterogeneidad, sino que la lleva a un nivel que facilita (o permite) el proceso formativo. De esta forma, se alcanza un equilibrio en el que los alumnos se sienten más motivados y que, por tanto, permite que el aula sea un verdadero lugar de aprendizaje.

Entonces ¿por qué hasta ahora no se ha llevado a cabo esta propuesta tan beneficiosa? La respuesta es claramente ideológica: si se aceptara reagrupar a los alumnos de acuerdo con sus preferencias, se estaría perdiendo toda legitimidad en las críticas que desde ciertos grupos ideológicos se realiza a los centros concertados, los cuales son elegidos por las preferencias de los alumnos. Obsta señalar que los críticos de esta propuesta jamás admitirán sus verdaderas motivaciones, así que prefieren poner como excusa la pérdida de heterogeneidad en el aula. Por tanto, la intención marcadamente ideológica de eliminar los centros concertados se antepone a la necesidad de que cada alumno reciba la formación que precisa.

Críticas al planteamiento. La compatibilidad entre itinerarios

Otra crítica al modelo que propongo se basa en afirmar que la agrupación de los alumnos por sus preferencias no es conveniente, ya que, si los intereses de un determinado alumno cambiasen, tendría que volver atrás en sus estudios y esto supondría un retraso en su ciclo educativo.

El problema de este planteamiento es que se basa en una formación más propia de otras épocas, cuando la educación adquirida era inmutable y te preparaba de por vida. Ahora bien, parece probable que los intereses de los alumnos cambiarán conforme cambien sus trabajos. Pero cada cambio no implica que el alumno deba retroceder en sus estudios, sino solo que se prepare para sus nuevas necesidades.

De hecho, el lema de la Dirección General de Educación y Cultura de la Comisión Europea es el siguiente: *Lifelong Learning* (formación durante toda la vida). Así pues, se trata de una propuesta que pretende adaptar la formación a los ciudadanos que, en el actual contexto socioeconómico, tienen que cambiar de sector profesional varias veces a lo largo de la vida y que, por tanto, requieren de una formación adaptada en cada momento a sus necesidades particulares.

Según este planteamiento, la formación debe adaptarse a las necesidades concretas del alumnado a lo largo del tiempo. Por tanto, la adaptación que propongo en este libro va en la línea de la propuesta de la Dirección General de Educación y Cultura de la Comisión Europea. Es más: el sistema educativo ya ofrece la posibilidad de completar diferentes estudios a lo largo de la vida a través de cursos formativos a distancia. De forma que, en el caso de que un alumno no complete los estudios, el retraso que las voces críticas pretenden alegar no es tal, pues siempre se puede corregir.

Ahora bien, mi propuesta no pretende sustituir por completo unos conocimientos mínimos básicos por otros específicos, ya que eso impediría la futura adaptación de los alumnos a los cambios formativos que requieren. Se trata de alcanzar los objetivos generales (y, adicionalmente, otros particulares) a partir de planteamientos particulares. Esto se realizaría al estilo de la formación basada en proyectos, en la que, a través de un proyecto concreto, se van alcanzando los objetivos relativos a los conocimientos particulares de la materia, pero también a otros conocimientos generales. Sea como sea, lo importante es que el proyecto que hay que realizar se encuadra dentro de la motivación de los alumnos, lo que permite mejorar los resultados de estos.

Además, este cambio orientado a adaptar los contenidos a las necesidades de los alumnos determinaría una actualización de la materia que se imparte, de modo que se favorecería la enseñanza de conocimientos más prácticos. Lo cual ya se intenta alcanzar con la evaluación por competencias, nueva forma de evaluar que también se adapta a la perfección al planteamiento que estoy realizando.

CAPÍTULO 22. LA EDUCACIÓN QUE NECESITAMOS

Si la promoción de cualquier centro dependiera del servicio que este ofrece, los centros se verían obligados a especializarse en aquello que mejor realizan, para así satisfacer las necesidades de su alumnado. De esta forma, se elevaría la calidad del servicio ofrecido a nivel global.

Ahora bien, esto también es problemático a nivel ideológico, ya que se posibilitaría que ciertos centros concertados, que hoy por hoy están realizando un buen trabajo con determinados grupos, creciesen (algo que, para algunos detractores, es inadmisible). Por tanto, es necesario cambiar el paradigma de la educación: el Estado debe dejar de hacer para permitir que otros hagan, de tal punto que limite su función a supervisar y compensar desigualdades, solo que esta vez para ayudar a los que lo necesitan, no para limitar a los alumnos con capacidades medias o altas (ya sean de centros estatales o concertados).

Con esto no quiero decir que debamos eliminar o privatizar los centros estatales, sino más bien al contrario. Es fundamental que sigan existiendo centros estatales y que ofrezcan un servicio excelente. Pero también es fundamental que se abra el Sistema para estimular la innovación y el progreso en metodologías educativas. Ahora bien, existe tanta presión por parte de ciertos grupos ideológicos que a los centros concertados tampoco les interesa crecer mucho. Realizar un mejor trabajo podría situarlos en una situación comprometida si a raíz de ello tuvieran más demanda. Situación que no sería del gusto de los grupos ideológicos mencionados, que tal vez buscaran cualquier excusa para evitar que dichos centros siguieran recibiendo ayudas económicas. Así pues, parece improbable que los centros concertados apoyaran los cambios que propongo, pues lo más seguro es que les resultara menos problemático quedarse en su situación actual.

Creo que queda demostrado que el poder ideológico en este país está truncando la riqueza educativa. Y es que la tiranía del influjo ideológico priva a los padres de la posibilidad de contar con una variedad de centros que permita encontrar el que mejor se adapte a las necesidades de sus hijos (y que, por tanto, les garantice una mejor educación). Pero, además, también priva a la ciudadanía de la posibilidad de crecer intelectual y económicamente.

Sea como sea, aceptar la situación actual puede tener consecuencias graves, ya que, si no apoyamos a una parte de los que sostendrán la economía del futuro, estaremos limitando las capacidades del resto. Esto supone que, cuantos menos recursos se generen, menos se podrán dedicar a la educación (estatal y concertada) y, por tanto, menos tendremos para ayudar a los que más lo necesitan. Lo peor es que esta situación no es hipotética: ya la estamos padeciendo.

Si fuese optimista, esperaría que el cambio necesario se produjese en unos años. Pero, si soy realista, solo veo la posibilidad de que dentro de cincuenta años sigamos igual. Aunque, para satisfacción de mi editor, para entonces este libro seguirá estando de actualidad.

CAPÍTULO 23. TUS PROPUESTAS DE SOLUCIÓN

Padres, abran los ojos: el sistema educativo no enseña a sus hijos lo que necesitan para vivir y trabajar en el siglo XXI. Y esto es así porque el Sistema lo gestionan personas más interesadas en la defensa de sus ideologías que en la formación de las futuras generaciones.

Por desgracia, pocos suelen ser los políticos que miran más allá de sus intereses particulares o de partido. Y no porque no tengan buenas intenciones ni buen fondo, sino porque la realidad (conseguir la mayor cantidad de votos posible) los obliga a ello.

Políticos, sean valientes y dejen de manipular. Los ciudadanos de este país exigimos que nos dejen decidir sobre la formación de nuestros hijos.

Ciudadanos, dejen de apoyar a aquellos cuyos intereses estén por encima de ustedes. Despierten. Tienen la posibilidad de decidir su destino, no dejen que otros lo hagan por ustedes.

¿Qué se puede hacer?

Al igual que la segunda parte del libro, esta tercera parte también termina con la posibilidad de que el lector continúe compartiendo experiencias y debatiendo posibles propuestas de mejora en mi blog:

http://www.mantoinecareme.blogspot.com

EPÍLOGO

Este libro se ha escrito entre los años 2007 y 2012. En dicho periodo de tiempo, se han producido una serie de cambios para mejorar el sistema educativo.

No sería de justicia ningunear dichos cambios, por lo que paso a comentarlos de forma breve:

1. Desarrollo y consolidación de la prueba de diagnóstico en 2.º de la ESO (Educación Secundaria Obligatoria).

2. Análisis y modificaciones en el Sistema teniendo en cuenta los resultados del informe PISA *(Program for International Student Assessment)*.

3. Consolidación de la línea de PCPI (Programa de Cualificación Profesional Inicial).

4. Introducción de itinerarios formativos en 4.º de la ESO.

5. Introducción de la formación basada en competencias en todos los niveles educativos.

Sin embargo, debemos señalar que también se ha empeorado en otros aspectos. Por ejemplo, la crisis económica ha provocado la reducción de desdobles en las aulas, lo que a su vez reduce esa atención individualizada fundamental para el desarrollo formativo, y que se podría compensar si se aplicase la propuesta que realizo.